胡耀邦

画册

中共中央党史研究室　编

中共党史出版社

胡耀邦

（1915—1989）

1957年5月25日，胡耀邦（前左）陪同毛泽东（前右）等党和国家领导人接见出席中国新民主主义青年团第三次全国代表大会的全体代表。

1955年8月17日，胡耀邦、习仲勋陪同周恩来、邓颖超在北京苏联展览馆（今北京展览馆）参观全国少年儿童科学技术和工艺作品展。

1955 年 9 月 28 日，在全国青年社会主义建设积极分子大会上，刘少奇与胡耀邦（右）交谈。

1954 年夏，胡耀邦（前排左五）陪同朱德（前排左四）接见中央团校第六期毕业学员。

1982 年 10 月 20 日，胡耀邦（左）与邓小平在中国共产主义青年团第十一次全国代表大会开幕式上。

1981 年 6 月 27 日，在党的十一届六中全会期间，胡耀邦（前左）与陈云（前右）交谈。中为冯文彬。

1982 年 8 月 6 日，胡耀邦（右）与叶剑英在党的十一届七中全会上。

1982 年 1 月 24 日，胡耀邦（左）与李先念在中共中央、国务院举行的春节团拜会上。

前言

胡耀邦同志是久经考验的忠诚的共产主义战士，伟大的无产阶级革命家、政治家，我军杰出的政治工作者，长期担任党的重要领导职务的卓越领导人。

1915年11月20日，胡耀邦出生在湖南省浏阳县一个贫苦的农民家庭。在青少年时期，他就关心国家的前途和命运，发愤苦读，成绩优异。在秋收起义的影响下，他投入土地革命战争的洪流。1929年冬，胡耀邦加入中国共产主义青年团，在党组织领导下开始从事青少年工作。1930年5月，红军解放浏阳县城，正在县城中学读书的胡耀邦受党组织的派遣，回乡担任乡团支部书记、团区委委员，不久任少共湘东南特委技术书记。1932年5月，他到湘赣省委从事儿童工作。1933年1月，他来到瑞金，由少共中央局派到福建省宁化县和清流县进行巡视，同年5月到中央苏区儿童局工作，8月担任中央苏区反帝拥苏总同盟宣传部部长兼青年部部长。1933年9月，转为中国共产党党员，转党后在少共中央局任儿童局秘书长。胡耀邦在苏区认真学习马列主义，树立起坚定的共产主义信念，为革命根据地团的建设贡献了力量。1934年10月，胡耀邦随中央红军参加长征，经受了各种艰难困苦的考验，磨炼了革命意志，先后在红三军团政治部做民运工作和青年工作。到达陕北后，任少共中央局秘书长。1936年2月，胡耀邦参加红军东征，同年6月后任少共中央局组织部副部长、部长、宣传部长，为陕北革命根据地的青年工作作出了显著成绩。

1937年5月后，胡耀邦到延安抗日军政大学学习、工作，先后任抗大第一队党支部书记、抗大政治部副主任、第一大队政治委员、中央军委总政治部组织部副部长、部长。在坚持抗战的过程中，胡耀邦为加强人民军队的政治思想建设和组织建设作出了重要贡献。1945年4月至6月，他作为中直、军直代表团成员出席中国共产党第七次全国代表大会。

抗日战争胜利后，胡耀邦于1946年1月到冀热辽军区工作，任代理政治部主任。1946年8月，任晋察冀野战军第四纵队政委。1947年

6月，任晋察冀野战军第三纵队政委。1948年9月，任华北军区第一兵团政治部主任。1949年2月，任中国人民解放军第十八兵团（后划归第一野战军建制）政治部主任。胡耀邦转战华北和西北，参加领导了大同、张家口、石家庄、太原、宝鸡战役等。在与国民党军队的决战中，他坚持以毛泽东军事思想武装广大指战员，加强部队思想建设，发挥我军政治工作的巨大威力，英勇战斗，为夺取解放战争的胜利发挥了重要作用。

1949年冬，胡耀邦率部进军大西南。1950年起任中共川北区委第一书记、川北行署主任、川北军区政委。他领导川北人民进行土地改革，开展剿匪反霸斗争，稳定社会秩序，迅速恢复和发展了工农业生产。1952年8月后，胡耀邦先后任团中央书记处书记、第一书记。在主持团中央工作期间，他创造性地贯彻执行党中央的指示，围绕党的中心工作组织富有青年特色的活动，注重在实践中用共产主义思想教育团员青年，在全团倡导“朝气蓬勃，实事求是”的作风，团结带领团员青年积极参加社会主义建设，使团的工作和青少年事业得到巨大发展，充分发挥了共青团作为党的助手和后备军的重要作用，开创了新中国成立后党的青年工作最活跃的时期，丰富了社会主义时期青年运动的理论与实践，为中国青年运动的发展和中国青年一代的健康成长作出了重大贡献。1956年，他在党的八大上当选为中央委员。1962年，胡耀邦兼任中共湖南省委书记处书记兼湘潭地委第一书记。1964年11月起，他兼任中共中央西北局第三书记、代理陕西省委第一书记，后任中共中央西北局第二书记、陕西省委第一书记。在地方工作中，他深入实际开展调查研究，实事求是，反对浮夸，关心群众，扎实工作，推进了当地经济建设和各项事业的发展。

“文化大革命”期间，胡耀邦遭受严重迫害，但他不顾个人的荣辱安危，同林彪、江青反革命集团进行了不懈的斗争。1975年，他在担任中国科学院党组织负责人时，认真贯彻邓小平提出的全面整顿的方针，领导起草了《关于科

技工作的几个问题》的汇报提纲，实事求是地反映科技战线的实际情况，努力消除“文化大革命”给科技工作造成的不良影响。

1977年3月，胡耀邦任中共中央党校副校长。同年8月，在党的十一大上当选为中央委员。12月，任中共中央组织部部长。1978年12月，在党的十一届三中全会上当选为中央政治局委员、中央纪律检查委员会第三书记，随后任中共中央秘书长兼中共中央宣传部部长。这一时期，他坚持党的干部路线，坚持实事求是、有错必纠，提出凡是不实之词，凡是不正确的结论和处理，不管什么时候、什么情况下搞的，不管是哪一级、什么人定的和批准的，都要改正过来。他顺应人民群众的意愿和要求，以非凡的革命胆略和勇气，组织和领导了平反冤假错案、落实干部政策的工作，使一大批遭受冤屈和迫害的老一辈革命家、干部、知识分子和人民群众得以平反昭雪、恢复名誉，立下了不可磨灭的功绩，受到广大干部群众高度赞誉。他坚持党的解放思想、实事求是的思想路线，组织和推动了关于真理标准问题的讨论。在邓小平等老一辈无产阶级革命家领导和支持下开展的这场思想解放运动，冲破了“两个凡是”的严重束缚，为党的十一届三中全会重新确立党的马克思主义思想路线作了重要的理论准备，成为拨乱反正和改革开放的思想先导，对党和国家的历史进程产生了深远影响。

1980年2月，胡耀邦在党的十一届五中全会上当选为中央政治局常委、中央委员会总书记。1981年6月，在党的十一届六中全会上当选为中央委员会主席。1982年9月，在党的十二届一中全会上当选为中央政治局委员、中央政治局常委、中央委员会总书记。1987年11月，在党的十三届一中全会上当选为中央政治局委员。

胡耀邦在担任党的主要领导职务期间，积极参与制定和贯彻以邓小平同志为核心的党的第二代中央领导集体的重大决策和战略部署，为坚持党的十一届三中全会以来的路线方针政策，为推动中国特色社会主义伟大事业，作出

了多方面的重大贡献。

胡耀邦在党的十二大上代表中央作题为《全面开创社会主义现代化建设的新局面》的报告，鲜明地提出了党在新时期的重大历史任务。他重视农村改革，充分调动农民群众的积极性；重视和推动以城市为中心的整个经济体制改革；重视和推动沿海地区对外开放和社会主义商品经济的发展，主持和参与主持制定了包括《中共中央关于经济体制改革的决定》在内的一系列关于农村改革、城市改革、对外开放的重要文件，努力探索党和国家领导体制的改革，为推进改革开放进程倾注了大量心血。他十分关心欠发达地区的建设事业，经常深入老少边穷地区，同当地干部群众共商脱贫致富大计，促进这些地区的开发开放。

胡耀邦坚持党的尊重知识、尊重人才的方针，注意发挥知识分子在现代化建设中的重要作用。他先后主持制定了《中共中央关于科学技术体制改革的决定》、《中共中央关于教育体制改革的决定》和《中共中央关于社会主义精神文明建设指导方针的决议》，推动科技、教育、文艺、新闻工作出现了蓬勃发展的局面。他热情鼓励年轻知识分子到基层去，到群众中去，到现代化建设的实践中去，经受锻炼，健康成长。他坚持贯彻党的统一战线工作的方针政策，着眼于调动各方面的积极因素，积极推进党的统一战线工作和民族工作、宗教工作，推动民族地区经济社会发展。他为坚持和完善中国共产党领导的多党合作和政治协商制度，加强中国共产党同各民主党派和无党派人士的合作，建立肝胆相照、荣辱与共的关系，做了大量富有成效的工作。

胡耀邦坚持推动新形势下党的建设，为加强和改善党的领导做了大量工作。他参与主持制定《关于党内政治生活的若干准则》，强调要发扬党的优良传统和作风，维护党的民主集中制，严明党的纪律，发展党内民主。他坚持党的干部队伍“四化”方针，大力推进各级领导班子建设和干部人事制度改革，满腔热情地关怀和培养优秀年轻干部。他坚定不移地与不

正之风和腐败现象作斗争，号召各级领导干部和中央机关在端正党风方面发挥表率作用。1983年3月，他在纪念马克思逝世100周年大会上作的题为《马克思主义伟大真理的光芒照耀我们前进》的报告，充分表达了我们党在新的历史条件下坚持和发展马克思主义的坚定信念。

胡耀邦坚持党的外交方针政策，积极推动新时期我国对外交往工作开创新局面。胡耀邦先后访问许多国家，经常接见外国来访的国家领导人和政党领袖。他明确提出处理党际关系的四项原则，为恢复和发展我们党同外国一些政党的关系，为增进中国人民同世界各国人民的相互了解和友谊，为新时期我国对外政策的制定和实施，发挥了积极作用。

胡耀邦在长达60年的革命生涯中，为中国人民的解放和幸福，为我国社会主义事业的发展和繁荣，为改革开放的实行和社会主义现代化建设的推进，呕心沥血、奋斗不息，贡献了毕生精力，建立了不朽功勋。他具有强烈的革命事业心和政治责任感，具有忘我工作的热情和勇往直前的干劲。他长期孜孜不倦地学习和研究马克思主义、毛泽东思想、邓小平理论，坚持理论联系实际，勤于思考和研究各种现实课题，锐意改革，勇于创新，提出了许多重要主张和建议。他博览群书，追求新知，不断丰富知识、增长才干。他作风民主，平易近人，经常深入基层，广交朋友，加强同人民群众包括知识界和党外朋友的直接联系和坦诚交流，了解他们的愿望和要求，亲自阅处大量群众来信，千方百计为人民群众排忧解难。他顾全大局、光明磊落，胸怀坦荡，按照党的原则办事，敢于讲真话、讲实话，勇于开展批评和自我批评，以身作则，廉洁奉公，严于律己，宽以待人，坚决维护党和人民的利益。

作为马克思主义者，胡耀邦的一生是光辉的。他几十年如一日，全心全意为人民服务，为了共产主义事业，鞠躬尽瘁，死而后已。

胡耀邦的历史功绩和优秀品德永远铭记在党和人民心中！

胡耀邦画册

目录

第一章

1

革命队伍里的“红小鬼”

1915~1989

1915年11月20日，胡耀邦出生在湖南省浏阳县中和乡苍坊村一个贫苦的农民家庭。20世纪20年代，三湘大地的革命斗争风起云涌，浏阳的农民运动如火如荼。胡耀邦在青少年时代就勤奋好学，成绩优异。他关心国家的前途和命运，在秋收起义的影响下，投入革命斗争的洪流。1929年冬，14岁的胡耀邦秘密加入中国共产主义青年团，开始了其后数十年的革命生涯。1930年5月，红军解放浏阳县城，正在县城中学读书的胡耀邦受党组织的派遣，回乡担任乡团支部书记、团区委委员。

1930年11月，胡耀邦从家乡来到江西莲花县，后在少共湘东南特委任技术书记。1932年5月，他被调到湘赣省委做儿童工作。1933年1月，胡耀邦来到中央苏区瑞金，由少共中央局派到福建省宁化县和清流县巡视工作，5月到中央苏区儿童局工作，8月担任中央苏区反帝拥苏总同盟宣传部部长兼青年部部长。同年9月，不满18岁的胡耀邦转为中国共产党党员，转党后在少共中央局任儿童局秘书长。胡耀邦刻苦学习马克思列宁主义，树立了坚定的共产主义信念，为中央苏区团的建设做了大量工作。

1934年10月，胡耀邦随中央红军参加长征，先后在红三军团政治部做民运工作和青年工作。他在攻打娄山关的战斗中负伤，身上一直留有敌人的弹片。胡耀邦经受了各种艰难困苦的考验，始终保持坚定的革命意志。到达陕北后，他任少共中央局秘书长。1936年2月，胡耀邦随军参加东征。他带领工作团在吕梁山区的石楼县开展宣传、扩红和筹粮工作，工作成绩突出，受到毛泽东的表扬。1936年6月后，胡耀邦任少共中央局组织部副部长、部长，宣传部部长，为党的青年工作贡献了智慧和力量。

1915 年 11 月 20 日，胡耀邦出生于湖南省浏阳县中和乡苍坊村一个贫苦农民家庭。图为坐落在苍坊村西岭脚下的胡耀邦故居。

胡耀邦故居近景。

祥
鍾
淮

1922 年，胡耀邦进入兴文小学读书。图为兴文小学旧址。

1926 年春，胡耀邦初小毕业，以优异成绩考入浏阳县文家市里仁学校高小部。图为里仁学校旧址。

在中共地下党员教师的影响下，胡耀邦接受了先进思想，担任少年先锋队队长兼宣传组组长。图为里仁学校高小部第十班学生毕业合影照。

1929年夏，胡耀邦考入浏阳县立初级中学（今浏阳一中），同年冬秘密加入中国共产主义青年团。图为浏阳县立初级中学旧照。

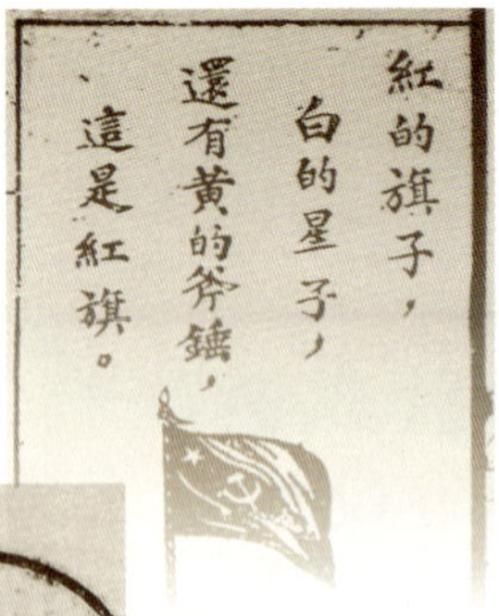

胡耀邦编绘的识字儿歌《狗》《星子旗》等宣传物。

1931年2月，胡耀邦任少共湘东南特委技术书记，负责刻蜡板、写文章、抄文件、搞宣传。他编办的《共产主义儿童报》通俗易懂，深受苏区少年儿童欢迎。图为胡耀邦使用过的油印机。

胡耀邦创作的儿童歌曲《我们向前走》。

胡耀邦在莲花县积极参与列宁学校的各项工作。1962 年 11 月，他重游故地时说：“这里是我第一次参加工作的地方，这里的工作使我终生难忘。”图为列宁学校旧址。

列宁学校校牌。

列宁学校的组织编制

教育委员长 — 校　长 — 教导主任 — 班级指导员 / 教　员

根据学生的具体情况分为：

甲　班　　乙　班　　丙　班

列宁学校课程一览表

一天课程安排

- 上　午：早读、晨练、政治常识课、国语课、算术课、历史课、地理课
- 下　午：学军事课、体育课、唱歌课、自然课、手工劳作课、图画课、书写标语、为群众助耕
- 晚　上：文化宣传、帮群众扫盲、优抚军烈属、自习课

列宁学校的组织编制和课程表。

胡耀邦为列宁学校书写的红色标语：“努力学习革命理论”，“实现共产社会”。

1932 年 5 月，胡耀邦调湘赣省委做儿童工作。图为胡耀邦在中共湘赣省委旧址萧家祠的居室。

位于江西永新县萧家祠的湘赣省委旧址。

1933 年 8 月，胡耀邦任中央苏区反帝拥苏总同盟宣传部部长兼青年部部长。图为位于瑞金的中央苏区反帝拥苏总同盟旧址。

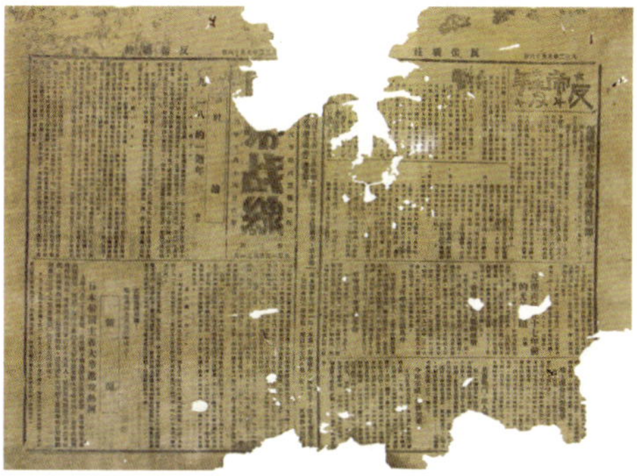

中央苏区反帝拥苏总同盟出版的《反帝战线》。

胡耀邦把儿童工作开展得有声有色。图为苏区青少年为纪念五卅运动而举行的武装检阅大会会场。

胡耀邦与中共湘赣省委工作过的同志 1939 年在延安合影。前排坐者左起：罗正坤、周仁杰、王定一、易湘苏、谭余保、王首道、张启龙、胡耀邦、王恩茂。

1933 年 9 月，胡耀邦由共青团员转为中国共产党党员，不久到少共中央局任儿童局秘书长。图为位于瑞金的少共中央局旧址。

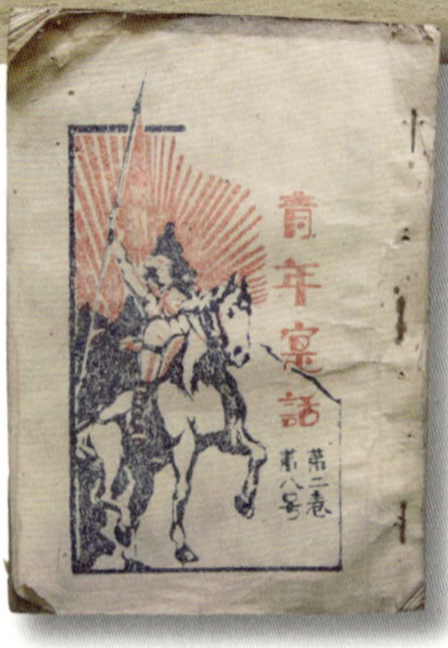

少共中央局机关刊物《青年实话》。

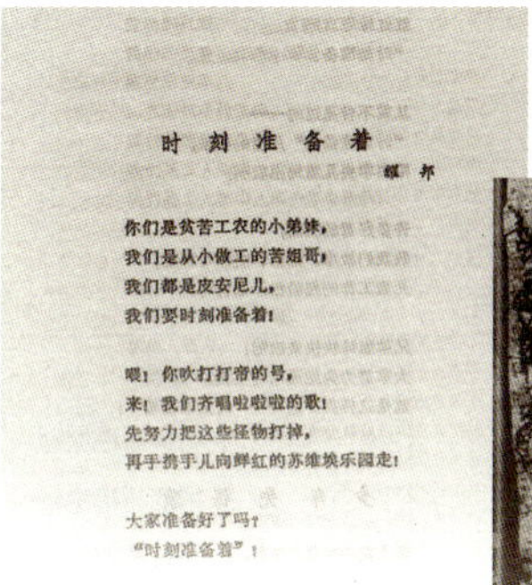

时刻准备着

耀邦

你们是贫苦工农的小弟妹，
我们是从小做工的苦姐哥，
我们都是皮安尼儿，
我们要时刻准备着！

喂！你吹打打帝的号，
来！我们齐唱啦啦啦的歌！
先努力把这些怪物打掉，
再手携手儿向鲜红的苏维埃乐园走！

大家准备好了吗？
“时刻准备着”！

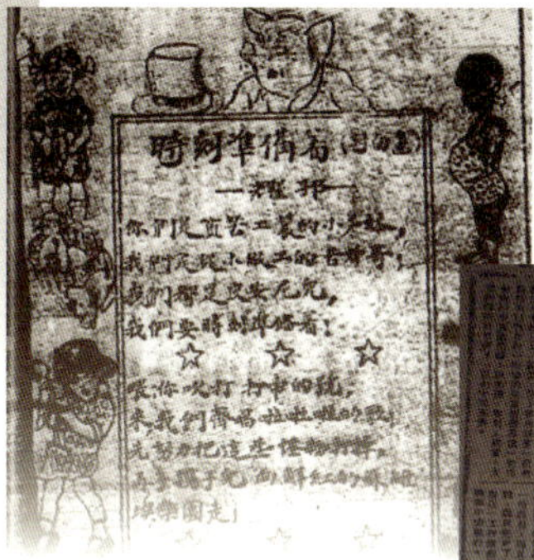

1933 年 10 月 5 日，儿童局刊物《时刻准备着》创刊。右图为胡耀邦为创刊号创作的封面。

1933 年 9 月《红色中华》刊登胡耀邦撰写的文章《共产青年团领导之下的苏区共产儿童团三个月来的活跃情形》。

胡耀邦在少共中央局的办公室兼居室。

中国工农红军长征路线示意图

(1934年10月—1936年10月)

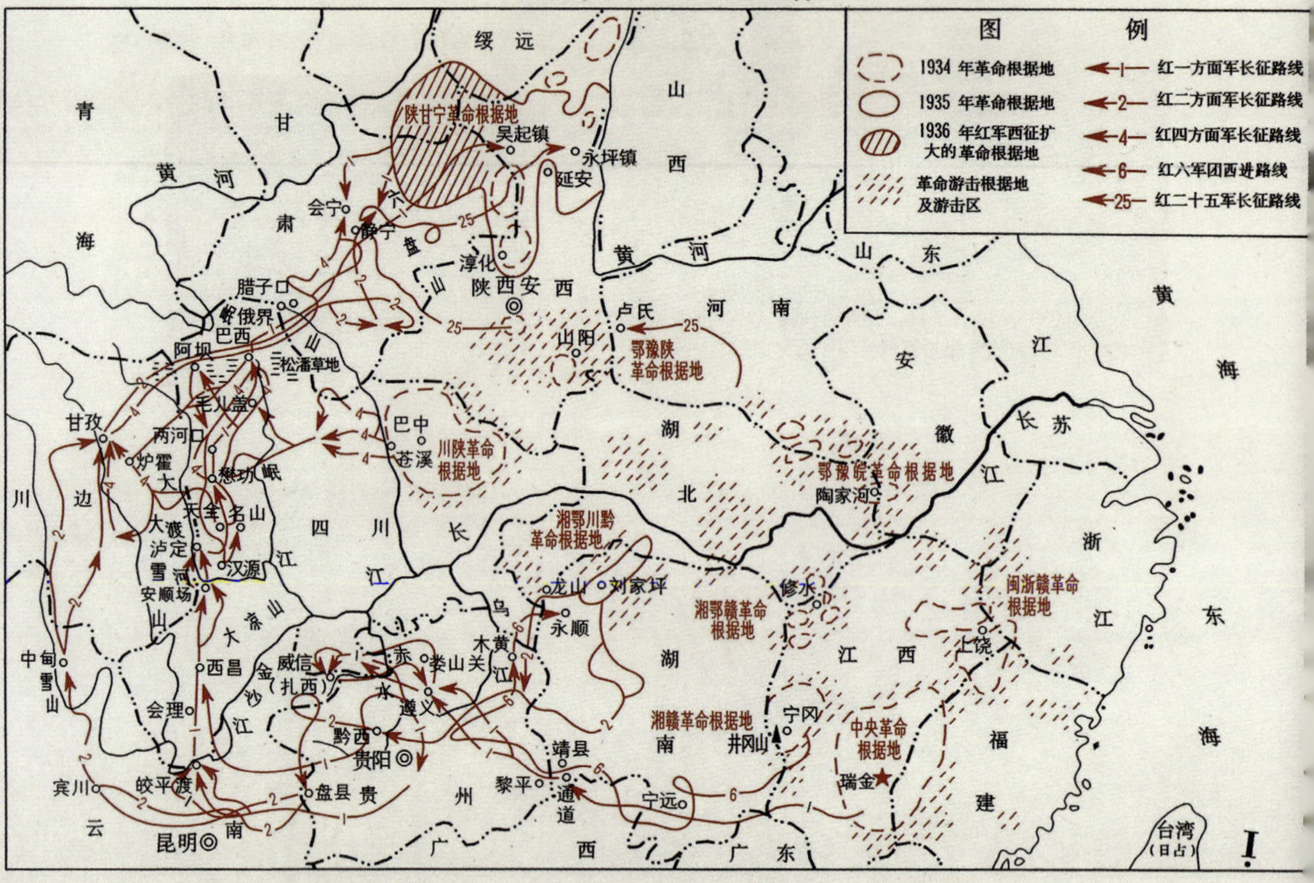

1934年10月，胡耀邦随中央红军开始长征。图为中国工农红军长征路线示意图。

胡耀邦被编在中央红军第二纵队，为中央工作团团员。图为红军突破的国民党军第四道封锁线上的湘江渡口——广西界首渡口。

1935 年 1 月遵义会议后，胡耀邦任红三军团第五师第十三团党总支书记。同年 2 月，他在娄山关战斗中负伤。多年后，胡耀邦回忆长征时说：当时“我已经把死亡置之度外了”，“没有任何选择，我们只能战斗下去”。图为位于遵义北部的黔北第一险要——娄山关。

1935 年 10 月 19 日，红一方面军到达陕甘根据地的吴起镇。到陕北后，胡耀邦任少共中央局秘书长。图为长征到达陕北的红一方面军一部。

1936年2月，红一方面军开始东征，胡耀邦随红十五军团由陕西省清涧县河口强渡黄河。图为准备东渡黄河的红十五军团骑兵队伍。

东征期间，胡耀邦率工作团在吕梁山区的石楼县开展宣传、扩红和筹粮工作。图为胡耀邦在石楼县义牒镇住过的房屋旧址。

因工作突出，在1936年5月陕西省延川县大相寺召开的红一方面军团以上干部大会上，胡耀邦受到毛泽东的表扬。同年6月后，胡耀邦任少共中央局组织部副部长、部长，宣传部部长。图为大相寺旧址。

第二章

2 延安岁月和驰骋解放战争疆场

1915～1989

1937年5月，胡耀邦进入延安中国人民抗日军政大学学习、工作，先后任抗大第一队党支部书记、抗大政治部副主任、第一大队政治委员。胡耀邦勤奋学习，努力工作，积累了丰富的实践经验，进一步提高了马列主义水平。按照毛泽东的指示，胡耀邦创办了抗大校刊《思想战线》。1937年10月至1946年，他任中央军委总政治部组织部副部长、部长。在延安整风期间，他作为军直系统整风领导小组成员，参加整风运动并负责军委一局的审干工作，抵制了审干工作中“左”的错误。1945年4月至6月，胡耀邦作为中直、军直代表团成员出席党的七大。胡耀邦在极端困难的条件下坚持抗战，为加强我军的政治思想建设和组织建设作出了重要贡献。

抗日战争胜利后，面对全面内战即将爆发的形势，胡耀邦主动要求上前线。1946年1月，胡耀邦到冀热辽军区工作，代理政治部主任。1946年8月，任晋察冀野战军第四纵队政委。1947年6月，任晋察冀野战军第三纵队政委。1948年9月，任华北军区第一兵团政治部主任。1949年2月，任中国人民解放军第十八兵团（后划归第一野战军建制）政治部主任。胡耀邦参与指挥了大同、张家口、石家庄、太原等重要战役。他深入基层进行政治动员，开展政策、纪律教育，使部队始终保持高昂的士气。太原战役期间，他负责开展对守敌的政治攻势，成功瓦解近四分之一的敌军。胡耀邦经历了华北解放战争的全过程。聂荣臻元帅对他这一时期的工作曾评价说：“为华北人民的解放立了大功”。1949年5月，他随部队转战西北，参加领导了扶眉战役和宝鸡战役。同年11月，他率部参加解放西南的进军。在与国民党军队的决战中，胡耀邦坚持以毛泽东军事思想武装广大指战员，加强部队思想建设，发挥我军政治工作的巨大威力，为夺取解放战争的胜利发挥了重要作用。

1937 年 5 月，胡耀邦进入延安中国人民抗日军政大学第二期学习，任第一队党支部书记。图为 1938 年抗大总校校门。

七七事变后，抗大二期大部分学员提前毕业奔赴前线，胡耀邦留校工作，随后进入抗大高级班深造，任党支部书记。图为 1937 年 10 月胡耀邦在延安。

在抗大期间勤奋好学、手不释卷的胡耀邦。

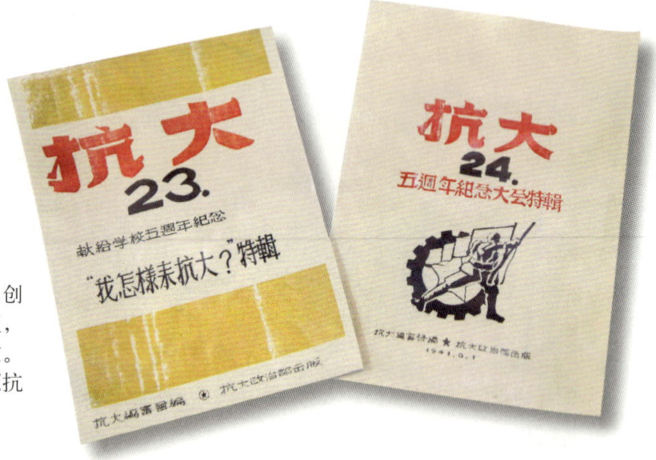

1937 年 10 月，胡耀邦根据毛泽东指示创办的抗大校刊《思想战线》第一期出版，该期发表了毛泽东《反对自由主义》一文。《思想战线》后改名为《抗大》。图为《抗大》第 23、24 期。

1937 年 8 月，胡耀邦经毛泽东提名任抗大政治部副主任，后任第一大队政治委员。图为 1937 年黄春圃（江华）、袁国平、李志民、胡耀邦、滕代远、袁子钦、周文龙（从右至左）合影。

任抗大第一大队政治委员期间的胡耀邦。

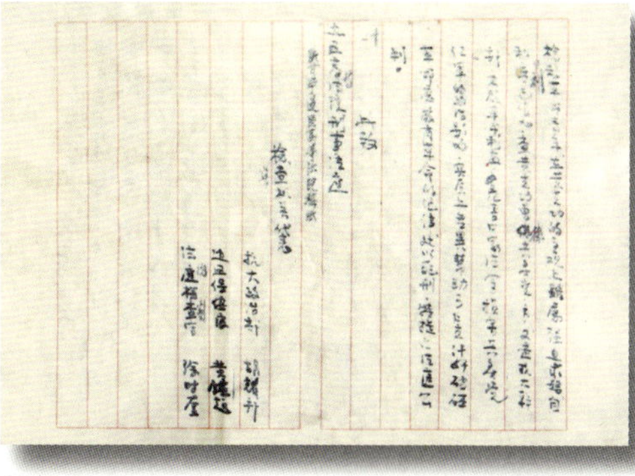

1937 年 10 月，抗大发生黄克功案，胡耀邦作为检察官代表参与案件的审理工作。图为有胡耀邦签名的黄克功案件公诉书。

1938 年 2 月，胡耀邦（左五）与抗大部分领导干部杨至诚（左二）、杨兰史（左三）、冯达飞（左四）、罗瑞卿（右四）、莫文骅（右三）、刘亚楼（右二）、王平（女）（右一）在延安的合影。

1939年胡耀邦（右三）与苏振华（左三）等抗大第一大队负责人及学员合影。

1937 年 10 月至 1946 年，胡耀邦任中央军委总政治部组织部副部长、部长。图为胡耀邦 1940 年摄于延安的照片。

1941 年的胡耀邦。

中央军委总政治部会议室旧址。

中央军委总政治部组织部旧址。

在中央军委总政治部任职期间的胡耀邦。

1945 年 4 月 23 日至 6 月 11 日，中国共产党第七次全国代表大会在延安举行，胡耀邦作为中直、军直代表团成员出席大会。图为七大代表们步入会场。

位于延安杨家岭中央大礼堂的党的七大会场。

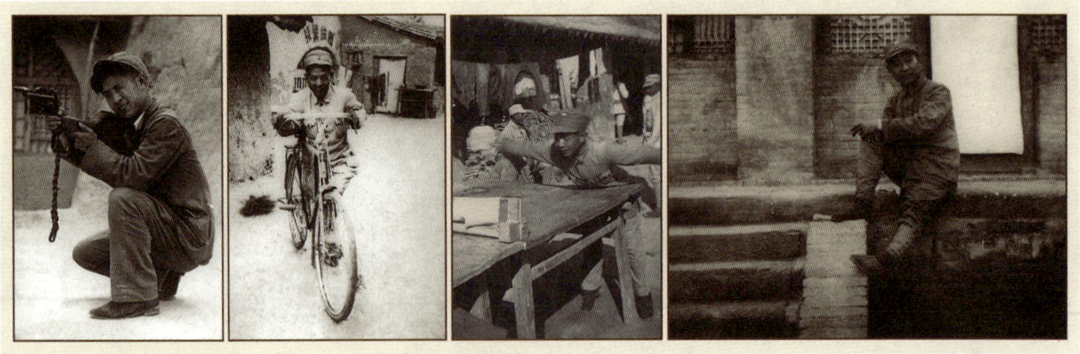

胡耀邦在延安生活的剪影。

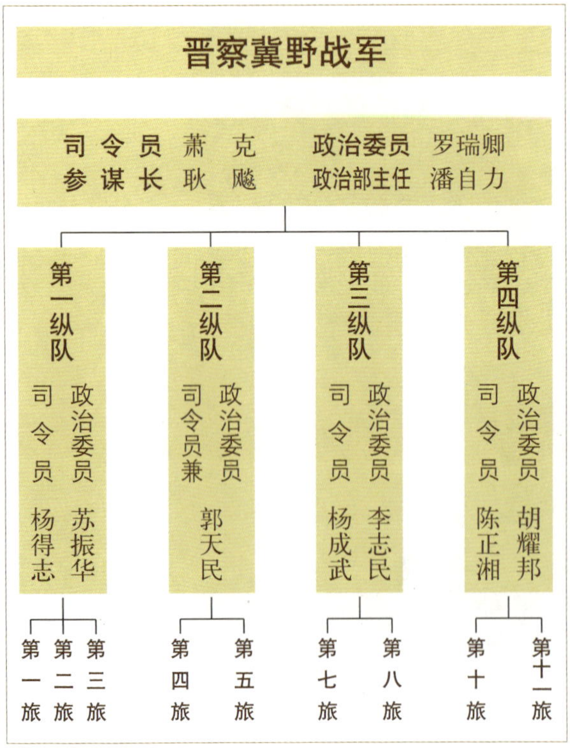

1946年8月，胡耀邦任晋察冀野战军第四纵队政治委员。图为晋察冀野战军组织序列。

1946 年 7 月至 1947 年 5 月，胡耀邦与四纵司令员陈正湘率部参加大同集宁战役、张家口保卫战、易满战役、保南战役、正太战役、青沧战役等。图为胡耀邦在华北战场上的英姿。

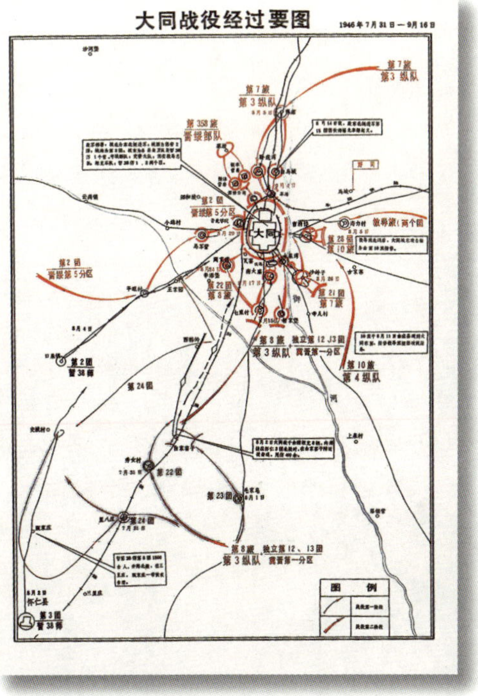

胡耀邦首次以纵队指挥员身份率部参加 1946 年 7 月至 9 月的大同集宁战役。图为大同战役经过要图。

1947 年，胡耀邦在河北省平山县北望楼召开的晋察冀野战军第四纵队政治工作会议上作报告。

1947 年四五月间，胡耀邦与四纵指战员参加正太战役。图为晋察冀野战军强渡河北微水河。

1947 年 6 月，胡耀邦调任晋察冀野战军第三纵队政治委员。图为 1948 年胡耀邦与四纵负责人合影。前排左起：胡耀邦、李昌、曾思玉；后排左起：王昭、陈正湘、唐子安。

1947 年 9 月，胡耀邦参加大清河北战役。图为晋察冀野战军向预战地区挺进。

1947年11月，晋察冀野战军第三纵队召开首届政治指导员会议。图为胡耀邦在作报告。

1947 年 11 月，晋察冀野战军发起石家庄战役，胡耀邦赶赴前线，指挥先头部队与敌展开巷战。图为战役胜利后，杨得志、罗瑞卿、胡耀邦、郑维山（前排从左至右）等向牺牲的烈士们致哀。

1947 年，胡耀邦（一排右五）与杨成武（一排左一）、罗瑞卿（二排右一）、萧克（一排右二）、杨得志（一排右四）合影。

胡耀邦在华北战场前线。

1948 年 3 月，胡耀邦（前排左一）与率部队参加察南绥东战役的漆远渥（前排左二）等在河北宣化合影。

1948 年 5 月，晋察冀军区与晋冀鲁豫军区合并组成华北军区。同年 9 月，胡耀邦任华北军区第一兵团政治部主任（第一兵团于 1949 年 2 月改称第十八兵团）。图为 1948 年转战华北战场的胡耀邦（左二）与夫人李昭（右二）、任白戈（左一）等在一起。

1948 年 10 月至 12 月，华北军区第一兵团等部举行太原战役，随后转入围城休整。1949 年 3 月，以徐向前为书记的太原前线总前委成立，胡耀邦为总前委成员。4 月，第十八、第十九、第二十兵团等部攻克太原。图为太原解放后，太原前线总前委于 1949 年 5 月 1 日召开扩大会议后的合影。前排左一至左四：唐延杰、王道邦、罗瑞卿、王紫峰，前排左六、右一分别为：陈漫远、周士第；二排左一至左五：杨成武、杨得志、耿飚、彭绍辉、彭德怀，二排右三、右二分别为：潘自力、李志民；三排左四为任白戈；四排：郑维山（左二）、胡耀邦（左三）、曾思玉（左五）、王新亭（左七）。

太原前线总前委扩大会议后，胡耀邦（右二）同在太原前线指挥作战的彭德怀（左二）交谈。

人民子弟兵

政治動員令

华北军区第一兵团政治部机关报《人民子弟兵》于 1948 年 10 月创刊，胡耀邦予以精心指导。图为 1949 年 4 月 7 日《人民子弟兵》刊发的太原前线司令部签署的解放太原《政治动员令》。

1949 年 7 月，胡耀邦参加指挥扶眉、宝鸡等战役。图为扶眉战役期间，第一野战军跨过陕西渭河大石桥追击马步芳残部。

1949 年 9 月 21 日至 30 日，中国人民政治协商会议第一届全体会议在北平（今北京）举行，胡耀邦以中国新民主主义青年团代表身份参加大会。在 10 月 1 日的开国大典上，胡耀邦见证了新中国的诞生。图为出席中国人民政治协商会议时的胡耀邦。

第三章

3 建设人民的新川北

1915~1989

新中国成立后，胡耀邦告别戎马生涯，迎来人生中的又一次重大转变。35 岁的胡耀邦担任中共川北区党委第一书记、川北行署主任、川北军区政委，开始主政川北。

川北区是 1950 年 1 月设置的受中共中央西南局和西南军政委员会领导的省级行政区，辖南充、遂宁、达县、剑阁 4 个专区，共 35 个县和 1 个直辖市，面积约 9 万平方公里，人口 1300 多万，首府为南充。这片原本“田畴沃衍，川泽流通，饶五谷，多盐利”的土地，在国民党统治下满目疮痍，百业凋敝，匪特猖獗，民不聊生。刚刚解放的川北，局势纷繁复杂，工作千头万绪。胡耀邦首先组建川北区党委和行署，着力加强建政工作，支援前线，接管城市，剿匪肃特，征购粮食，安定社会，稳定人心，很快打开川北工作的局面。在 1950 年 7 月 18 日举行的川北行署人员就职典礼上，胡耀邦庄严宣誓：“为彻底实现《共同纲领》和建设人民的新的川北而努力奋斗。”以胡耀邦为第一书记的川北区党委通盘筹划，积极调动和协调各方面的社会力量，领导川北人民开展土地改革、镇压反革命和抗美援朝运动，大力发展农业，开展城乡物资交流，合理调整工商业，加强文化教育事业，迅速恢复和发展了遭受战争破坏的工农业生产和各项事业。

1952 年 7 月，胡耀邦告别川北火热的生活，调中央工作。在川北两年零八个月的时间里，在从革命转向建设的过程中，胡耀邦严格执行党的路线方针政策，工作既大刀阔斧又认真细致，展现出非凡的领导能力。“川北时期的工作大体没有留尾巴，干群心情舒畅”。这是川北干部和群众的心声。

1949 年 12 月，贺龙等率领第十八兵团翻越秦岭和大巴山，进军四川。图为胡耀邦等在挺进大西南途中的合影。站立者左起：梁军、战斗剧社社长陈播、王定一、苏联摄影师、贺龙、周士第、王维舟、胡耀邦、李井泉、王新亭、张经武；蹲者左起：协助摄影干部、廖志高。

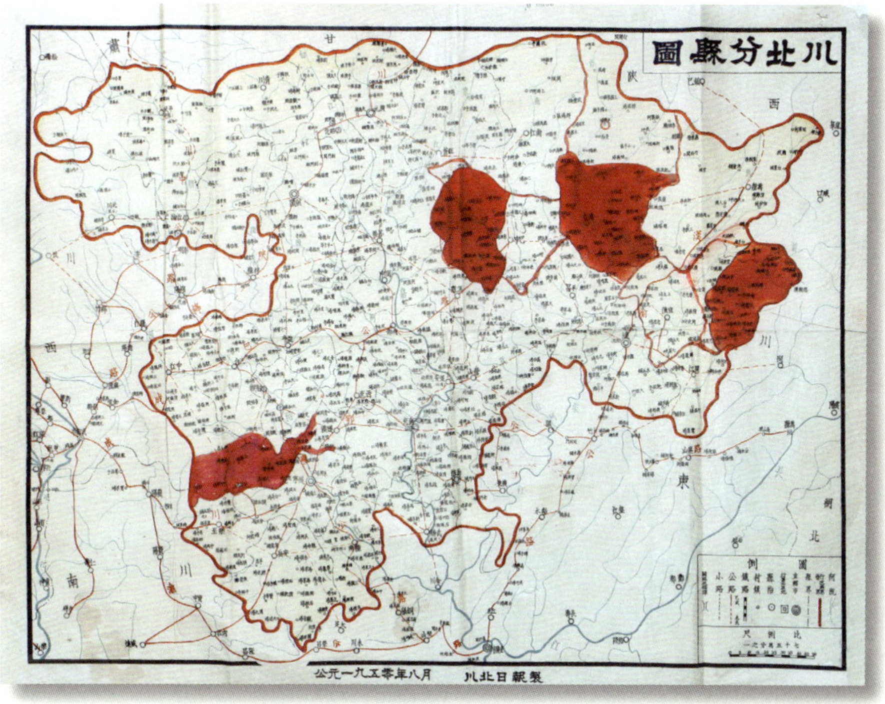

1949 年 12 月 18 日，中共中央西南局任命胡耀邦为川北党的临时工委书记。图为 1950 年的川北区地图。

1950 年 2 月，胡耀邦率部抵达南充市。图为川北区南下党员与地下党员会师大会合影。

1950 年 2 月，中共川北区委在南充成立，胡耀邦任第一书记。图为中共川北区党委部分常委合影。前排左起：赵林、胡耀邦、李登瀛。后排左起：李林枝、刘聚奎、秦仲方、董粥忱、饶兴。

1950 年 3 月 17 日，政务院第二十四次政务会议通过提请中央人民政府委员会批准，任命胡耀邦为川北行署主任。图为川北行署全景。

胡耀邦任职川北时的居所。

胡耀邦非常重视民主政权建设。1950 年 7 月 18 日，胡耀邦率领川北行署组成人员举行宣誓就职典礼。图为川北行署委员及工作人员合影，前排右八为胡耀邦。

1950年7月5日至19日，中共川北区首届党员代表会议召开。图为会议主席团合影，前排左四为胡耀邦。前排左一为李文清，右三为郭林祥；后排左二为韦杰，左四为王贵德，右三为赵林，右一为刘玉衡。

川北区掀起轰轰烈烈的抗美援朝爱国运动。在1951年6月25日南充市第一次爱国大捐献中，胡耀邦亲自到捐献站捐款30万元（旧币），鼓舞和带动了广大干部群众。图为捐献大会会场。

川北区党委领导了全区的土地改革运动，胡耀邦亲自担任川北区土改工作总团团长。图为 1951 年 9 月 3 日，胡耀邦与中央土改工作第一团川北队合影。二排右五为胡耀邦，右六为胡愈之，右七为赵林，右八为裴昌会。

1951 年 9 月 14 日，胡耀邦（前排右五）同西南土改工作团参加川北土改的人员合影。

川北区党委全心全意依靠工人阶级，建设起一批关系国计民生的工矿企业，工业生产的恢复和发展取得瞩目成绩。图为胡耀邦（左一）在一次会议上谈生产问题。

胡耀邦兼任川北行署财经委员会主任，为工商业的恢复和发展日夜操劳。图为1950年12月16日岳池县临时工商代表会议合影。

川北区党委带领人民大力恢复和发展农业生产。1951年3月18日，胡耀邦出席川北区首届农民代表大会并作报告。图为在川北区首届农民代表大会上当选为农民协会委员的成员合影。

川北日報

創刊號

各地我軍奮勇剿匪
兩月以來戰果輝煌

石安等鄉四千群衆
自動起來撲滅土匪

南充分區

遂寧分區

劍閣分區

達縣分區

三台人民政府發出通報
號召各鄉鎮向他們學習

胡耀邦尊重知识分子，重视文化教育宣传工作。图为在胡耀邦主持下于1950年3月22日创刊的《川北日报》。

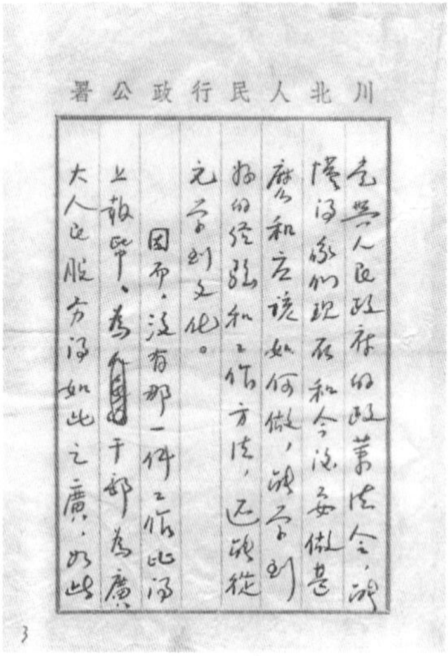

川北人民行政公署

胡耀邦要求各部门要善于运用报纸指导工作，克服“手工业式”的领导方法。图为1950年10月3日，胡耀邦就改进《川北日报》工作致信报社负责人的手迹。

胡耀邦（前排左三）与川北区党委宣传部工作人员合影。

胡耀邦正确执行党的统一战线政策，与党外各界人士结下深厚情谊。图为 1951 年 3 月，胡耀邦（前排中立者）在全区统战工作会议期间接见平武县藏族劳动模范时的合影。

1952 年 7 月，胡耀邦奉调进京，告别了川北的火热生活。图为胡耀邦（二排左六）与川北区党委工作人员及亲属合影留念。

川北区协商委员会暨各民主党派欢送胡耀邦（前排左八）留影。

胡耀邦（前排右四）临行前与川北行署及各部门负责人合影。

第四章

4 主持团中央工作

1915—1989

1952年8月后，胡耀邦任中国新民主主义青年团中央书记处书记。1956年，在党的八大上当选为中央委员。1957年至1966年，任中国共产主义青年团中央书记处第一书记。

这一时期，胡耀邦努力探索解决毛泽东提出的党委如何领导青年团和青年团应如何工作这两大问题。他强调青年团既要服从党的领导和党的中心工作，又要充分发挥其作为党的助手和后备军的重要作用。胡耀邦提出，青年团的工作应背靠党委，面向青年，根据青年的特点，独立开展丰富多彩的活动。他提倡“朝气蓬勃，实事求是”的作风，把广大团员和青年团结在党的周围，积极参加社会主义建设。他把青年团的宣传教育工作作为一个重点，配合党在各个时期的中心工作，开展针对青年的有声有色、多种多样的思想教育活动。在他的热情鼓励和支持下，建设青年突击队、青年志愿垦荒队和青年植树造林等活动在全国广泛展开，各条战线涌现出大批积极分子，展现了新中国青年昂扬向上的精神风貌。他注重在实践中用马克思列宁主义、毛泽东思想教育团员青年，深入基层，广交青年朋友，倾听他们的心声。他重视同国际青年组织的合作，积极开展与国外青年团体的交往。胡耀邦创造性地贯彻执行党中央指示，使团的工作和青少年事业得到巨大发展，开辟了新中国成立后党的青年工作最为活跃的时期，丰富了社会主义时期青年运动的理论与实践，为中国青年运动的发展和中国青年一代的健康成长作出了不可磨灭的历史贡献。

1962年，胡耀邦带职下放，任中共湖南省委书记处书记兼湘潭地委第一书记。1964年11月起，他兼任中共中央西北局第三书记、第二书记，代理陕西省委第一书记、陕西省委第一书记。他深入实际，调查研究，与广大干部群众同甘共苦，努力发展工农业生产，推进了所在地区的社会主义建设。

1952年7月，胡耀邦奉调进京，主持团中央工作。在同年八九月间召开的中国新民主主义青年团一届三中全会上，他当选为青年团中央书记处书记。1953年6月23日至7月2日，中国新民主主义青年团第二次全国代表大会在北京召开。在青年团二届一中全会上，胡耀邦当选为常务委员、书记处书记。图为胡耀邦在青年团二大开幕式上作报告。

1953 年 6 月 30 日，党和国家领导人在中南海怀仁堂接见中国新民主主义青年团第二次全国代表大会主席团成员。正面右起：林伯渠、周恩来、朱德、毛泽东、胡耀邦、刘少奇、邓子恢。

1953 年 7 月 11 日，胡耀邦陪同朱德接见人民解放军青年代表。前排左起：张爱萍、胡耀邦、萧华、朱德、甘泗淇。

1953 年 9 月 10 日，毛泽东和胡耀邦、罗瑞卿（从左至右）在北京西郊紫竹院交谈。

1954年5月3日，纪念五四运动35周年大会在中南海怀仁堂举行。前排右起：彭真、董必武、谢列平（苏联）、刘少奇、胡耀邦、廖承志、朱德、陈云、林伯渠、邓小平。

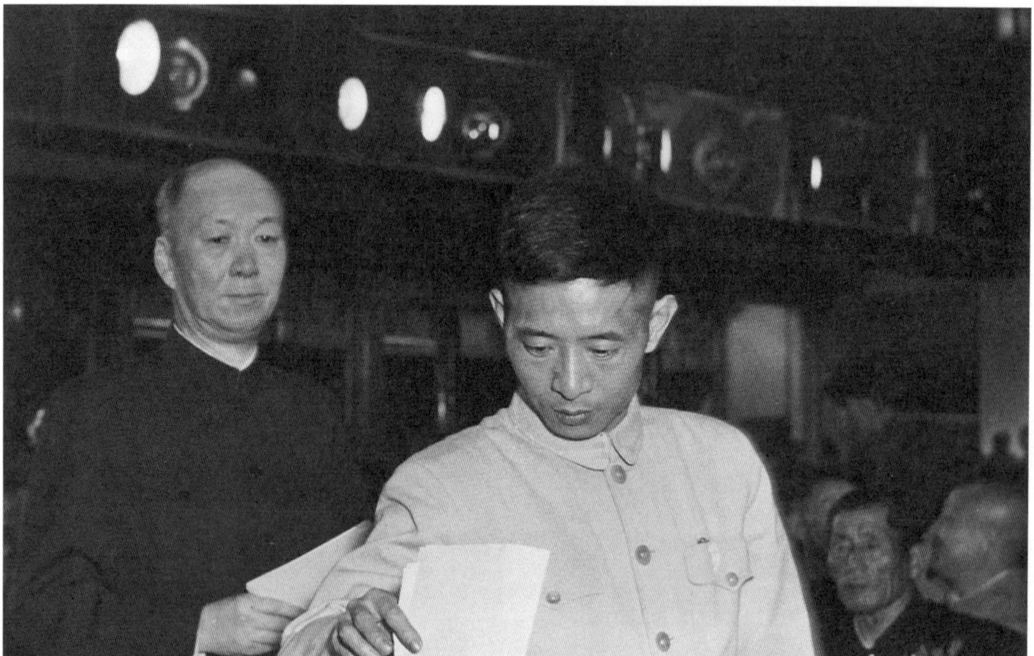

1954 年 9 月 15 日至 28 日，第一届全国人民代表大会第一次全体会议在北京举行。图为胡耀邦在投票。

胡耀邦热情洋溢地鼓励青年团投身国家建设，大力推广青年突击队和青年志愿垦荒队的经验。1955年8月30日，由北京60名青年组成的我国第一支青年志愿垦荒队赴黑龙江开荒。图为胡耀邦（前排左三）向北京市青年志愿垦荒队授旗。

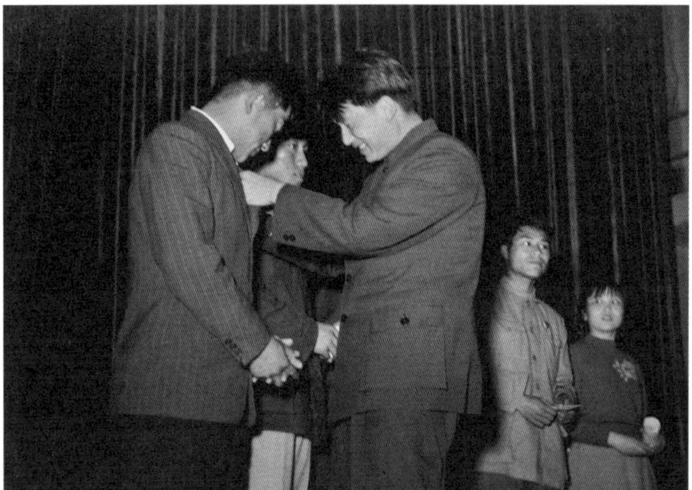

胡耀邦将毛泽东对青年提出的“三好”（身体好、学习好、工作好）要求定为青年团的工作方向。图为1956年5月5日，5位“三好”学生在北京市高等学校“三好”学生大会上获得德国青年联盟赠予的“学习优良金质奖章”。

胡耀邦高度重视先进人物的榜样作用。经他提议，团中央在 1955 年 9 月 20 日至 28 日召开全国青年社会主义建设积极分子大会。图为胡耀邦在大会上作报告。

1955年9月28日，胡耀邦（正面左一）陪同毛泽东（正面左三）、刘少奇（正面左二）、朱德（正面左四）等党和国家领导人接见全国青年社会主义建设积极分子大会代表。

胡耀邦号召团组织带领全国青少年开展大规模的植树造林活动，把祖国大地变为“绿色的海洋”。图为 1955 年 10 月 30 日，胡耀邦（前右一）等与青少年在京郊永定河沿岸植树造林。

1956年3月1日至11日，陕西、甘肃、山西、内蒙古、河南5省区青年造林大会在延安召开。图为胡耀邦在会上宣读中共中央致大会的贺电。

胡耀邦（前右二）与参加青年造林大会的代表们交谈。

1956 年 1 月 30 日至 2 月 7 日，全国政协二届二次会议在北京举行。图为出席会议的胡耀邦（左二）。

胡耀邦号召广大青年“向科学进军”。图为 1956 年 2 月北京市中等学校学生科学技术作品展览会的场景。

胡耀邦深入实际，深入基层，开展广泛的调查研究。图为1956年5月，胡耀邦（前排右五）、项南（前排右六）在吉林长春第一汽车制造厂考察时与青年团员在一起。前排右四为第一汽车制造厂总工程师孟少农。

胡耀邦广交青年朋友。图为1956年7月20日，胡耀邦（右一）参加北京市高等学校暑假毕业生在中山公园举行的联欢会。

胡耀邦要求中国青年出版社努力推出优秀读物，鼓舞广大青年投身社会主义建设。图为中国青年出版社 1953 年 7 月出版的《牛虻》。

胡耀邦要求《中国青年》要有思想性、战斗性，要有杂志的个性。图为《中国青年》杂志封面。

中國青年報

爲持久和平而鬥爭！

第二七九號

一九五三年十二月二十二日

各地農業生產合作社普遍

農民紛紛要求參加或組織生產合

中國新民主主義青年團中央委員會

關於接收團員手續的規

胡耀邦提出，宣传教育工作是团的工作的灵魂，青年团做思想工作要有声有色、多种多样。在他的倡导下，《中国青年报》办起了《星期天》、《原子时代》、《舞台与银幕》、《长知识》等七个副刊。图为《中国青年报》报头。

胡耀邦热情关注少年儿童工作。1953 年 11 月 2 日至 10 日，第二次全国少年儿童工作会议在北京召开。图为胡耀邦在闭幕式上作报告。

1955 年 8 月 15 日，胡耀邦为少年科学技术爱好者签名留念。

1956 年 9 月 15 日至 27 日，中国共产党第八次全国代表大会在北京举行，胡耀邦（中）参加大会并当选为中央委员。图为胡耀邦在大会期间与贺龙（左一）、乌兰夫（右一）交谈。

1957 年 5 月 15 日至 25 日，中国新民主主义青年团第三次全国代表大会在北京召开，会议确定将中国新民主主义青年团改名为中国共产主义青年团。图为胡耀邦在大会上作报告。

1957 年 5 月 26 日，在中国共产主义青年团中央委员会第一次全体会议上，胡耀邦当选为共青团中央书记处第一书记。图为胡耀邦投票选举共青团中央委员。

1957年8月，胡耀邦出席莫斯科第六届世界青年联欢节后，回国途经新疆。图为新疆生产建设兵团的青年们热情欢迎胡耀邦（前排居中者）。

胡耀邦（前排右一）在克拉玛依油田和维吾尔族钻井工人合影。

1958年3月，江西、湖南、福建、广东4省团省委在江西瑞金联合召开100个县共青团工作观摩学习会。图为胡耀邦参加“造百县林”活动。

1958 年 11 月 26 日，全国青年社会主义建设展览会在北京开幕。图为胡耀邦（右一）、习仲勋（右二）等参观太原钢铁公司青年高炉模型。

“大跃进”期间，胡耀邦反对弄虚作假，提倡实事求是，讲真心话，要求把广大团干部、青年的革命热情和求实精神结合起来。图为 1958 年，胡耀邦（一排右五）和全国著名劳动模范孟泰（一排右六）一起接见青年工人。

“大跃进”时期，胡耀邦十分关心团中央的下放干部。1959 年 5 月中旬，他专程到河北省安国县看望中国青年出版社的下放干部。图为胡耀邦（前排左三）在安国县齐村与社员们的合影。

1959年5月16日，胡耀邦（第二排右十二）与河北省保定地区的团干部合影。

胡耀邦密切联系群众，关心群众疾苦，把工作直接做到基层。图为1959年7月，胡耀邦（右二）在山东掖县参加劳动时与全国劳动模范徐建春（右一）等合影。

1959 年 10 月 18 日，17000 名少先队员和少先队辅导员聚集人民大会堂，庆祝北京市少年先锋队建队 10 周年。图为胡耀邦在大会上讲话。

1960 年 3 月 30 日至 4 月 10 日，二届全国人大二次会议在北京举行。
图为会议期间，胡耀邦（前左）与宋一平（前右）交谈。

1960 年 12 月 4 日，胡耀邦在中南海选区投票选举北京市西城区人大代表。

1961 年 4 月 1 日，毛泽东（右一）在湖北武汉与胡耀邦（右三）、王任重（右二）等交谈。

1962年4月16日至27日，中华全国青年联合会第四届委员会第一次会议在北京召开。4月28日，胡耀邦（前排左二）、王照华（前排左一）等陪同毛泽东（前排左六）、刘少奇（前排左七）、周恩来（前排左五）、朱德（前排左四）、邓小平（前排左三）、李维汉（前排左八）等接见与会全体人员。

1964 年 6 月 11 日至 29 日，中国共产主义青年团第九次全国代表大会在北京召开。图为胡耀邦（左二）陪同毛泽东（左三）、周恩来（左一）等领导人接见共青团九大代表。

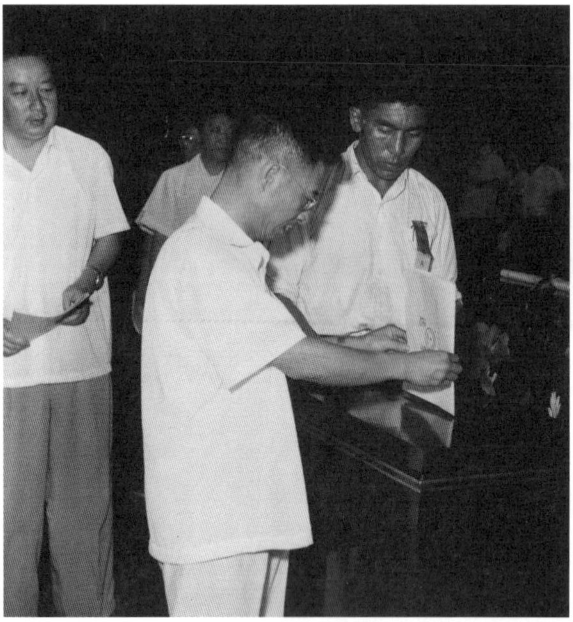

胡耀邦（前中）投票选举共青团第九届中央委员。

1964 年 7 月 2 日至 3 日，中国共产主义青年团九届一中全会在北京召开，
胡耀邦当选为书记处第一书记。图为胡耀邦（主席台居中者）在会上讲话。

1964 年 10 月 10 日下午，首都 9000 多名少先队员及辅导员庆祝北京少年先锋队成立 15 周年。 图为彭真（第三排左六）和胡耀邦（第三排左四）等同少先队员和辅导员合影。

1965 年 1 月 16 日，胡耀邦（主席台左三）与出席中华全国学生第十八届代表会议的代表座谈。

1965年12月9日，首都青年同一二九运动的参加者在人民大会堂集会，纪念一二九运动30周年。图为彭真（二排右八）、胡耀邦（二排右七）、郑天翔（二排右六）、蒋南翔（二排右五）等与大家合影。

1966 年 3 月 10 日，胡耀邦（前排左四）陪同陈毅（前排左五）接见参加新疆生产建设兵团的上海等地知识青年。

胡耀邦积极开拓青年外事工作。1954 年 8 月 9 日至 15 日，世界民主青年联盟理事会北京会议召开。图为世界民主青年联盟主席伯尼尼（右一）、中国青年代表团团长胡耀邦（右二）与苏联青年代表团团长罗马诺夫斯基（右三）的合影。

1956 年 5 月 20 日，胡耀邦（左一）会见南斯拉夫青年代表团。

1957 年 8 月 1 日，参加第六届世界青年与学生和平友谊联欢节的各国代表们在莫斯科的友谊公园栽种友谊树。图为胡耀邦（左）和苏联共青团中央委员拉兹杜霍夫（右）在“中国林荫路”旁植树。

1957 年 10 月 10 日，胡耀邦（前左）接受缅甸青年代表团团长吴波阵（前右）代表缅甸青年献给毛泽东主席的礼物。

1959 年 2 月 17 日，胡耀邦（右）会见以蒙古革命青年团中央委员会常务委员、乌兰巴托团市委第一书记爱尔敦朝克图率领的蒙古革命青年代表团。

1959 年 2 月 20 日，胡耀邦（右四）会见出席亚非会议青年会议的几内亚青年代表。

1959年5月2日，首都青年集会欢迎以科莫钦·佐尔坦为首的匈牙利共产主义青年团代表团。图为胡耀邦（正面右一）与科莫钦·佐尔坦（正面右二）走进会场。

1960年10月7日，中国共产主义青年团中央委员会和日本民主青年同盟代表团的共同声明在北京举行签字仪式。图为签字后，胡耀邦（前右一）和日本民主青年同盟中央委员会总书记前田稔交换文件。

1962 年 9 月 29 日，阿中友好协会在阿尔巴尼亚首都地拉那人民剧院举行集会，庆祝中华人民共和国成立 13 周年。图为中阿友好协会代表团团长胡耀邦（左一）在大会上讲话。

1964 年 11 月 12 日，胡耀邦（右一）陪同彭真（右二）接见由尼西托 · 奥克塔维昂（左二）率领的罗马尼亚劳动青年联盟代表团。

在党中央、毛泽东倡导大兴调查研究的号召下，一直关注农村形势的胡耀邦报名去一个地区兼职。1962 年，他带职下放，任中共湖南省委书记处书记兼湘潭地委第一书记。图为胡耀邦（前排中立者）赴湖南前与团中央的同事们合影。

胡耀邦在湘潭任职期间，深入实际，调查研究，与当地干部群众同甘共苦，努力发展生产。图为 1962 年 12 月，胡耀邦（前排左四）和湖南省委书记处书记、湘潭地委第二书记华国锋（前排左三）调研时与临湘县机关的同志们合影。

1962 年，胡耀邦（前排右五）与楠竹山人民公社部分干部群众合影。

胡耀邦在湖南任职期间，重上井冈山。

胡耀邦（前左三）在湖南任职期间与华国锋（前左二）等在井冈山留影。

胡耀邦在湘潭的办公及居住场所。

向西北局和中央、主席的报告

《走馬到职报陕情》

从十一月三十日乘車到西安到十四日返京开会，我走馬到职了十三天。除参加了四天西北局的社教工作汇报会之外，其余全部时間，分别同省委书記处同志、省級各部委厅局同志和四个地委书記交談情况，交换意見。另外，派了两个助手到临潼县行者公社两个生产大队摸了几天情况，目的是为了同我今年到过的湖南和河北两省的基层作些对比的考察。由于时間太短，对陕西情况連門都还沒有摸清楚，本不应該哇哩哇啦，但是主席要大家“冲口而出”說話，几經思索，就决心把初步接触到的一些表面印象和看法写了出来。

1964年11月，中共中央任命胡耀邦为西北局第三书记兼代理陕西省委第一书记，同时保留团中央书记处第一书记职务。12月，胡耀邦向西北局和中共中央、毛泽东报送《走马到职报陕情》。图为报告的开头部分。

胡耀邦同志在安康七县的談話要点

（記录整理，1965年2·12）

一、要集中抓生产，以“二十三条”为动力。“二十三条”要认真学习，討论清楚。但一次不可能完全学习討论好，以后每年要学习討论二、三次。因此，这次不要搞的时間太長。一切为生产服务，一切圍繞争取大丰收，在争取大丰收的原則下統一思想。我們的征购任务減下来，是为了把生产尽快地搞上去，不是为了松一口气。生产好不好，是檢驗工作好坏的最主要的标誌，县、社、队都要在生产上過得硬。这次县的多级干部会议上，要集中討论生产問題。县、社、队都要目标明确，千方百计为今年的大增产奋斗。

二、在生产上，“两手抓，双丰收”。关中，一手抓粮食，一手抓棉花，粮食、棉花双丰收。陕南，一手抓粮食，一手抓山貨土特产，粮食、山貨土特产双丰收。

三、各级党委要算大帳，抓关键，向前看。

不要過分地糾纏過去的老問題，不要往后看、算老帳。要立足于現在，面向將来。

要经常討论方針、政策問題、经常关心方向性的問題，抓思想領导，抓措施落实，不要抓细微末节的問題。

胡耀邦在陕西任职期间，关心民众疾苦，发表一系列讲话，鼓励发展农副业生产。图为1965年2月，胡耀邦在安康等县的谈话要点。

（一）全党最重要的任务是搞好生产

你們城固县，大概在明年搞社教，今年集中力量把生产搞好。革命为了什么？这提出了一个問題，革命的目的是什么？組織貧下中农阶級队伍的目的是什么？归根到底，最高最终目的是为了把生产搞好。生产搞不好，就沒有大好形势。同志們！大好形势喲，三尺布票，二百五十斤口粮，这叫什么大好形势！我們陕西的形势，不如別的省那么好，城固县平均三百多斤口粮，这是表上統計的，表上統計的不那么正確，三百斤口粮过不下去，怎么养猪？同志們东北的口粮，每人平均八百斤，前年就开始了。省財办一个同志到湖北竹溪县，碰到一个老乡，紅光滿面，就問他：“老乡唉！你們口粮多少？”老乡說：“一百零四斤喲！”省財办这个同志一听，不相信，說：“一百零四斤，不害浮肿病啦？”那个老乡說：“我們两口子一个月一百零四斤啦！”这两口子一月一百零四斤，一个人一月五十二斤，一年六

胡耀邦在城固县讲话的一部分。

第五章

5 磨难与抗争

1915～1989

“文化大革命”期间，团中央被改组，后来停止活动。胡耀邦遭到批斗、关押。他不顾个人荣辱安危，同林彪、江青反革命集团进行了坚决斗争。1969 年 5 月，胡耀邦被下放到河南省信阳地区潢川县的黄湖农场“五七”干校。他克服身体的伤病，在参加繁重体力劳动之余，孜孜不倦地苦读马克思列宁主义原著，思考中国社会主义革命和建设的经验教训。1971 年林彪事件之后，胡耀邦结束了两年多的干校生活，回到北京，开始了“赋闲”中的读书生活。

1975 年 3 月，胡耀邦参加第四期中央读书班，到中央党校住校学习。1975 年 7 月，胡耀邦任中国科学院党的核心领导小组第一副组长、副院长。他认真贯彻邓小平提出的全面整顿方针，宣布中科院的整顿工作主要是全院领导班子的组织整顿和思想作风整顿，旗帜鲜明地支持科研人员搞科研。他领导起草《关于科技工作的几个问题》的汇报提纲，正确反映了科技战线的实际情况。他以强烈的责任感和使命感，勤勉工作，积极落实党的科技政策和知识分子政策，努力为科学家解决票子、妻子、孩子、房子、炉子等实际问题（人称“五子登科”），深得人心。他提出的实现四个现代化是“伟大的新长征”、“科学技术也是生产力”等观点，在知识分子中引起强烈反响。1975 年底“反击右倾翻案风”开始后，胡耀邦再次遭到错误批判，但他始终保持共产党人的坚定信念，一如既往地关注党和国家的前途命运。

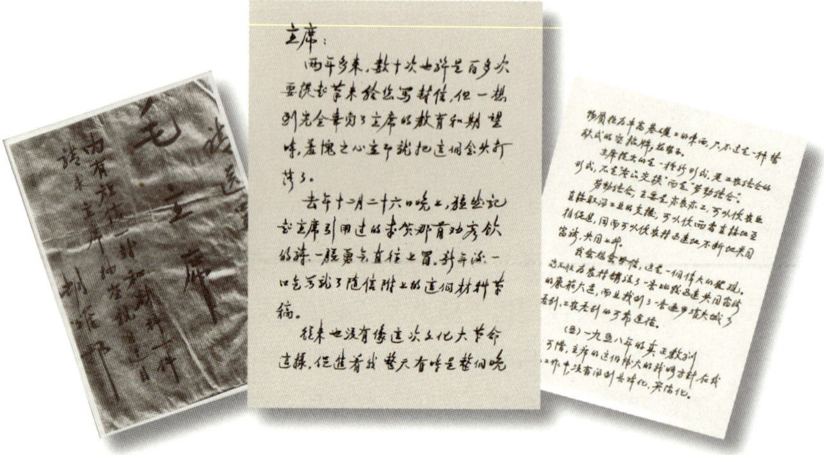

主席：

两年多来，数十次也许是百多次要提起笔来给您写封信，但一想到完全辜负了主席的教育和期望，羞愧之心立即就把这个念头打落了。

去年十二月二十六日晚上，听到记录主席引用过的李贺那首劝齐饮的诗，一腔勇气直往上冒。新年深一口气写就了随信附上的这个材料草稿。

从来也没有像这次文化大革命这样，促进着我整天有时是整个晚

“文化大革命”中，团中央被改组，后来实际上停止了活动。1969 年上半年，胡耀邦致信毛泽东，其中谈到中国的工业化道路问题。图为胡耀邦给毛泽东信的信封及部分手稿。

经过两年多的批斗和隔离审查后，胡耀邦于 1969 年 5 月被下放到河南省潢川县黄湖团中央“五七”干校。图为黄湖“五七”干校的劳动场景。

胡耀邦在插秧。

胡耀邦（二排左一）与黄湖“五七”干校的干部们留影。

1971年末，胡耀邦结束干校生活回到北京。图为胡耀邦在“赋闲”期间读书学习。

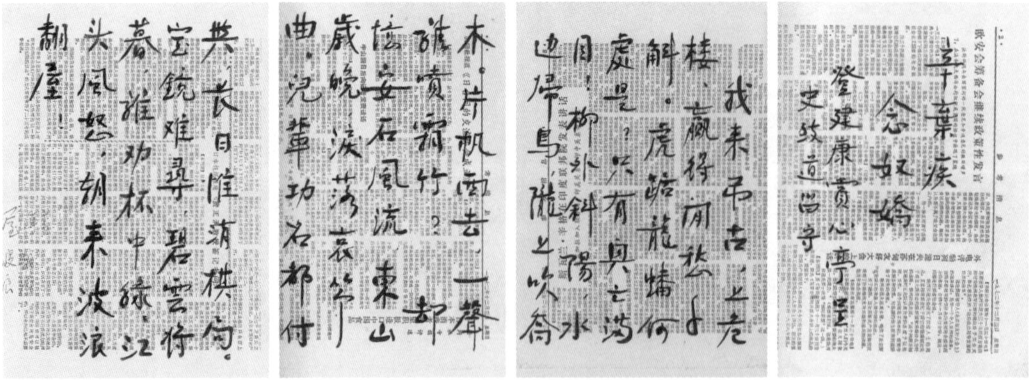

胡耀邦常书写古诗词以抒发胸臆。图为胡耀邦在1972年12月3日《参考消息》上抄写的辛弃疾《念奴娇·登建康赏心亭呈史致道留守》。

1975 年 7 月 17 日，胡耀邦担任中国科学院党的核心领导小组第一副组长、副院长。图为胡耀邦在中科院古脊椎动物研究所作报告。

1975 年 11 月 10 日，胡耀邦（中）会见并宴请法国原子能和平利用代表团。

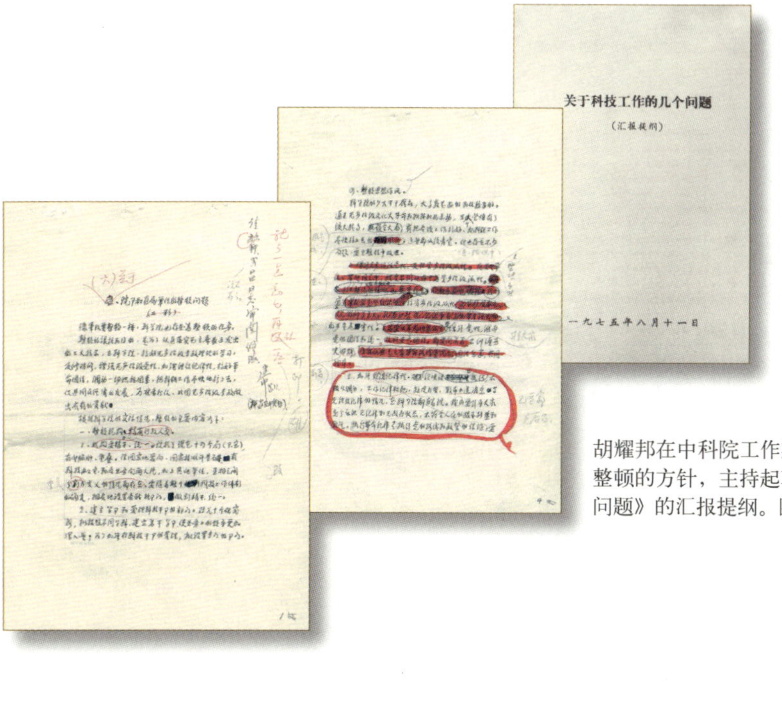
关于科技工作的几个问题

（汇报提纲）

一九七五年八月十一日

胡耀邦在中科院工作期间，认真贯彻邓小平全面整顿的方针，主持起草了《关于科技工作的几个问题》的汇报提纲。图为文件过程稿。

第六章

6 在中央党校的日日夜夜

1915—1989

粉碎“四人帮”的胜利，标志着“文化大革命”的结束。十年内乱积累下许多严重的政治问题和社会问题，给党和国家造成的严重后果及影响依然存在。党面临的拨乱反正任务相当艰巨。1977年3月，中央政治局决定恢复中共中央党校，任命胡耀邦为副校长。同年8月，他在党的十一大上当选为中央委员。

“文化大革命”期间，中央党校深受“左”倾错误之害，积累下一批冤假错案，领导班子和教职工队伍被冲散，校舍被占用，处于停办状态。胡耀邦上任后，即主持全校的整风会议，开展揭批“四人帮”的斗争。他夙夜在公、殚精竭虑，克服重重困难，着手整顿和恢复办学秩序，狠抓校舍的收回和修复、机构设置和干部队伍的配备，很快打开了工作局面。1977年9月，中央党校正式复校招生，10月举行隆重的开学典礼。胡耀邦提出，要把中央党校办成宣传和捍卫马克思列宁主义、毛泽东思想的坚强阵地，成为恢复和发扬党的革命传统和优良作风的模范。他从干部培养工作的全局性、长期性出发，提出要重视地方各级党校的建设，并为中共中央起草《关于办好各级党校的决定》。在胡耀邦主持下，中央党校以邓小平提出的要“完整地、准确地理解毛泽东思想”，“解放思想、实事求是、团结一致向前看”等重要思想为指导，以拨乱反正为主要内容，承担起重新教育干部的艰巨任务。在此过程中，胡耀邦对学科建设、教师队伍培养、教学计划和教材编选倾注了大量心血。中央党校积累了丰富的办学经验，形成了良好的学风校风，为拨乱反正和改革开放培养了一大批领导骨干。

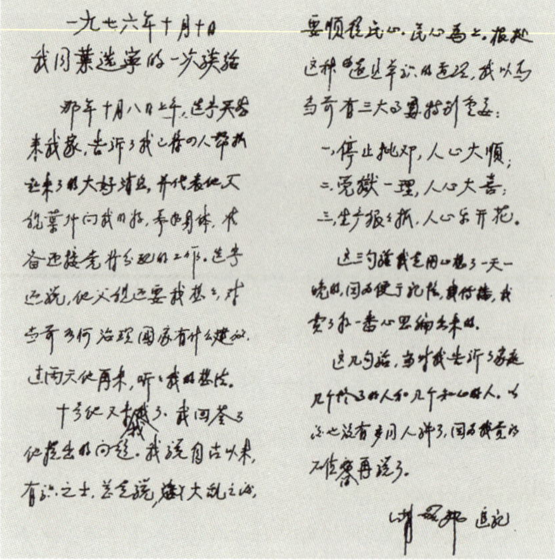
一九七六年十月十日

我同叶选宁的一次谈话

那年十月八日上午，选宁来我家，告诉了我已将四人帮抓起来了的大好消息，并代表他父亲叶帅向我问好，要我保重身体，准备迎接党分配的工作。选宁还说，他父亲还要我想想，对当前如何治理国家有什么建议，过两天他再来，听听我的想法。

十号他又来了，我回答了他提出的问题。我说自古以来，有识之士，总是说，经了大乱之后，要顺从民心，民心为上。根据这种道理事实的意思，我以为当前有三大问题特别重要：

一、停止批邓，人心大顺；

二、冤狱一理，人心大喜；

三、生产狠狠抓，人心乐开花。

这三句话我是用心想了一天一晚的，因为便于记忆，更有情趣，也费了我一番心思编出来的。

这几句话，当时我告诉了家里几个信得过的人和几个知心的人。以后也没有多同人讲了，因为我觉得不值得再说了。

胡耀邦 追记

粉碎“四人帮”不久，尚未安排工作的胡耀邦向叶剑英和华国锋提出建议：现在我们的事业面临着中兴，中兴伟业，人心为上。什么是人心？停止批邓，人心大顺；冤案一理，人心大喜；生产狠狠抓，人心乐开花。图为 1987 年初胡耀邦对此事的追记手迹。

胡耀邦（左）和叶剑英在一起交谈。

1977 年 3 月 3 日，中共中央政治局决定恢复中共中央党校，胡耀邦任中央党校副校长。

胡耀邦怀着强烈的责任感和使命感，以校为家，全身心地投入到党校复校的各项工作中。当年胡耀邦就在与这栋楼相仿的 53 号家属宿舍楼的一套房子里办公和住宿。

胡耀邦四处奔忙，多方协调，努力解决党校校舍问题。在中央领导关怀和有关部门支持下，1977年后中央党校逐步收回、修复了全部校舍。图为修复后的中央党校主楼。

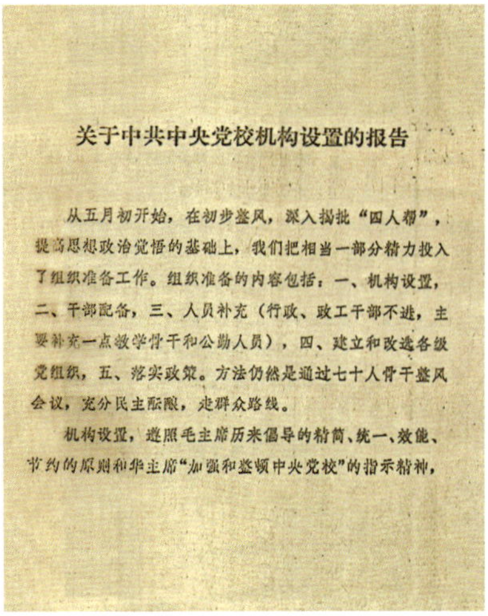

关于中共中央党校机构设置的报告

从五月初开始，在初步整风，深入揭批“四人帮”，提高思想政治觉悟的基础上，我们把相当一部分精力投入了组织准备工作。组织准备的内容包括：一、机构设置，二、干部配备，三、人员补充（行政、政工干部不进，主要补充一点教学骨干和公勤人员），四、建立和改选各级党组织，五、落实政策。方法仍然是通过七十人骨干整风会议，充分民主酝酿，走群众路线。

机构设置，遵照毛主席历来倡导的精简、统一、效能、节约的原则和华主席“加强和整顿中央党校”的指示精神，

1977年5月17日，胡耀邦向中央提交的关于中共中央党校机构设置的报告。

人民日报
RENMIN RIBAO

毛主席语录
认真看书学习，
弄通马克思主义。

中共中央关于办好各级党校的决定
（一九七七年十月五日）

（一）

（二）

（三）

1977 年 10 月 5 日，中共中央作出《关于办好各级党校的决定》。

1977 年 8 月 12 日至 18 日，中国共产党第十一次全国代表大会在北京举行，胡耀邦出席大会并当选为中央委员。图为大会会场。

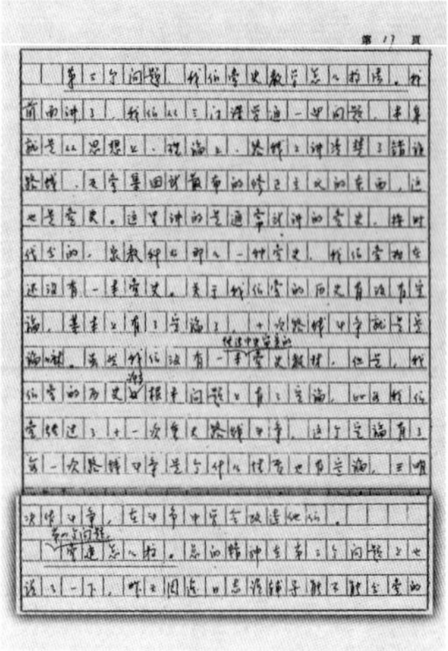

第 17 页

胡耀邦对中央党校的教学工作倾注了极大心血。图为 1977 年 9 月 22 日胡耀邦在党校教学工作会议上所作的《关于教学问题的几点意见》记录稿。

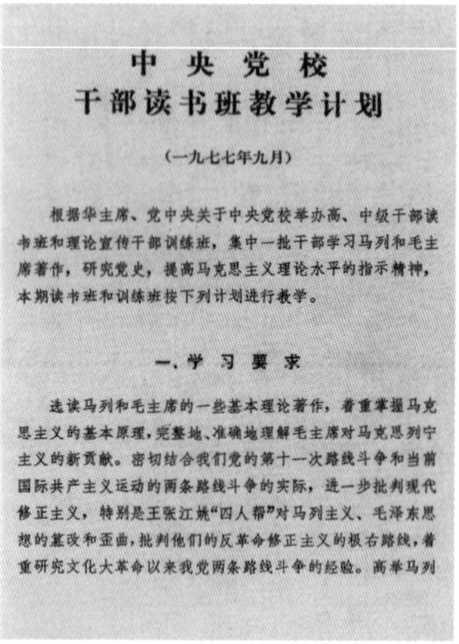

中央党校
干部读书班教学计划

（一九七七年九月）

根据华主席、党中央关于中央党校举办高、中级干部读书班和理论宣传干部训练班，集中一批干部学习马列和毛主席著作，研究党史，提高马克思主义理论水平的指示精神，本期读书班和训练班按下列计划进行教学。

一、学习要求

选读马列和毛主席的一些基本理论著作，着重掌握马克思主义的基本原理，完整地、准确地理解毛主席对马克思列宁主义的新贡献。密切结合我们党的第十一次路线斗争和当前国际共产主义运动的两条路线斗争的实际，进一步批判现代修正主义，特别是王张江姚“四人帮”对马列主义、毛泽东思想的篡改和歪曲，批判他们的反革命修正主义的极右路线，着重研究文化大革命以来我党两条路线斗争的经验。高举马列

经胡耀邦审定的《中央党校干部读书班教学计划》。

1977 年 10 月 9 日，中共中央党校举行隆重的开学典礼。

胡耀邦在中央党校开学典礼上发表讲话。他要求学员们在马列主义、毛泽东思想开辟的认识真理的道路上，继续探索还没有被认识的真理；要时时意识到时代赋予自己的重任，努力学习。

中共党校开学典礼时胡耀邦（前排左九）等与部分工作人员合影。

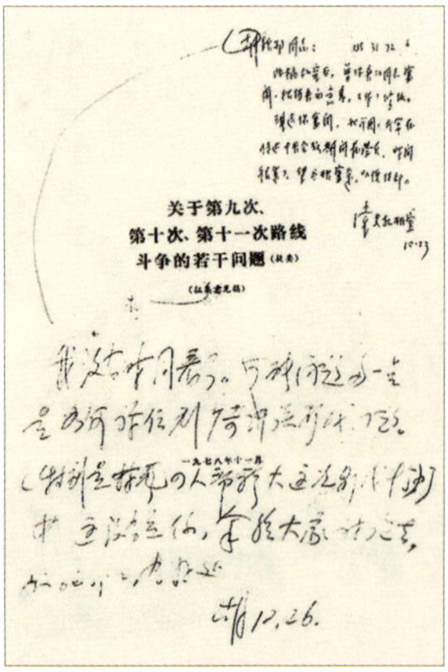

关于第九次、第十次、第十一次路线斗争的若干问题（提要）

（征求意见稿）

一九七八年十一月

胡 12.26.

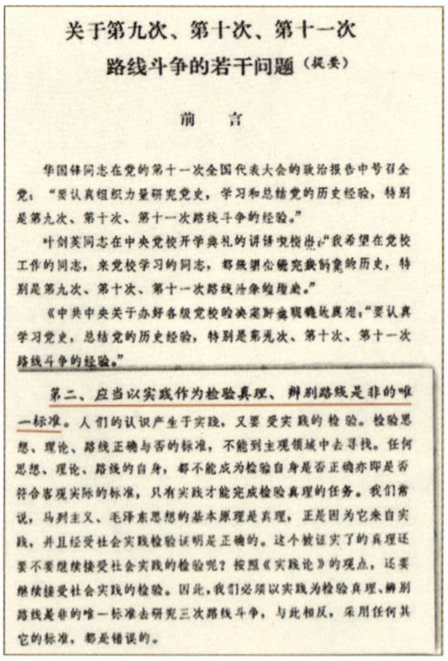

关于第九次、第十次、第十一次路线斗争的若干问题（提要）

前　言

华国锋同志在党的第十一次全国代表大会的政治报告中号召全党："要认真组织力量研究党史，学习和总结党的历史经验，特别是第九次、第十次、第十一次路线斗争的经验。"

叶剑英同志在中央党校开学典礼的讲话中指出："我希望在党校工作的同志，来党校学习的同志，都要潜心研究我们党的历史，特别是第九次、第十次、第十一次路线斗争的历史。"

《中共中央关于办好各级党校的决定》中规定："要认真学习党史，总结党的历史经验，特别是第九次、第十次、第十一次路线斗争的经验。"

第二、应当以实践作为检验真理、辨别路线是非的唯一标准。人们的认识产生于实践，又要受实践的检验。检验思想、理论、路线正确与否的标准，不能到主观领域中去寻找。任何思想、理论、路线的自身，都不能成为检验自身是否正确亦即是否符合客观实际的标准，只有实践才能完成检验真理的任务。我们常说，马列主义、毛泽东思想的基本原理是真理，正是因为它来自实践，并且经受社会实践检验证明是正确的。这个被证实了的真理还要不要继续接受社会实践的检验呢？按照《实践论》的观点，还要继续接受社会实践的检验。因此，我们必须以实践为检验真理、辨别路线是非的唯一标准去研究三次路线斗争，与此相反，采用任何其它的标准，都是错误的。

胡耀邦高度重视研究党史，总结历史经验。在他的主持下，全校 800 多名学员展开了以"实践为标准，检验三次路线斗争是非"的热烈讨论。图为胡耀邦对中央党校党史教研室《关于第九次、第十次、第十一次路线斗争的若干问题（提要）》征求意见稿的批示。

胡耀邦高度重视中高级干部学习马列主义和毛泽东著作。图为在胡耀邦领导下，党校组织人员重译、选编的100万字《马列著作毛泽东著作选读》系列教材。

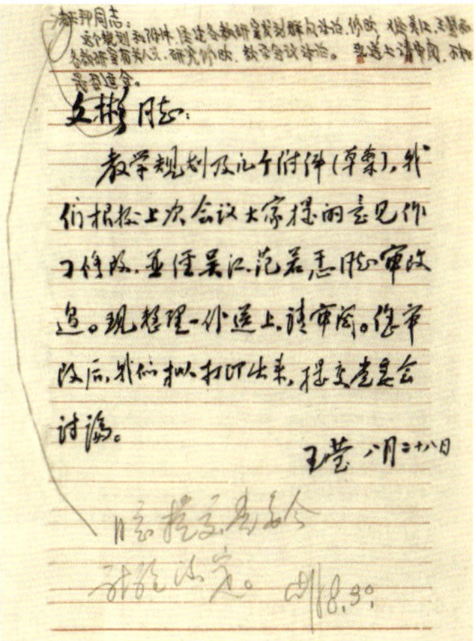
文彬同志：

教学规划及几个附件（草案），我们根据上次会议大家提的意见作了修改，并经吴江、范若愚同志审改过。现整理一份送上，请审阅。经审改后，我们拟打印出来，提交党委会讨论。

八月二十八日

胡耀邦对中央党校1979年至1981年教学和理论研究规划的批示。

1982年7月20日，胡耀邦（前排左三）与中央党校毕业班学员合影。

1984 年 11 月 20 日，胡耀邦（前排左四）在中南海接见中央党校首届毕业学位研究生。

胡耀邦在主持中央党校工作期间，十分重视恢复发扬党的优良传统和作风，特别强调实事求是。图为中央党校礼堂前广场的实事求是碑。

1985 年 7 月 15 日，胡耀邦（右二）最后一次到中央党校。

第七章

7 组织和推动真理标准问题大讨论

1915~1989

在各领域逐步开展拨乱反正的过程中，“两个凡是”成为纠正“文化大革命”错误、彻底澄清思想混乱的障碍。胡耀邦在领导中央党校开展揭批“四人帮”斗争时，明确提出要把被林彪、“四人帮”颠倒了的思想、理论、路线是非颠倒过来。他要求党史教学研究要完整地准确地运用马列主义、毛泽东思想的基本原理，以实践标准来检验真理、辨别路线是非。在他的组织和领导下，走在拨乱反正斗争前列的一些干部和理论工作者开始酝酿就真理标准问题撰写文章。胡耀邦精心指导和创办《理论动态》，针对当前党和国家的重大思想理论问题，用马列主义、毛泽东思想的观点来批判林彪、“四人帮”的谬论，勇敢冲破多年来“左”的禁区，在社会上引起强烈反响。他坚持党的实事求是的思想路线，倾注大量心血，主持《实践是检验真理的唯一标准》一文的审定和发表，组织和推动关于真理标准问题的讨论，澄清多年来在这个根本问题上的思想混乱。在邓小平等老一辈无产阶级革命家领导和支持下，真理标准问题讨论从思想理论界扩大到党、政、军及社会各界，成为一场规模宏大、内涵丰富、影响深远的群众性思想解放运动，为冲破“两个凡是”的严重束缚，为党的十一届三中全会重新确立党的马克思主义思想路线作了重要的理论准备。

1977 年 5 月，胡耀邦在中央党校整风会议上明确提出，要把被林彪、“四人帮”颠倒了的思想是非、理论是非、路线是非颠倒过来。图为胡耀邦主持整风会议时的中央党校教室。

胡耀邦创办的《理论动态》是当时思想理论战线拨乱反正的重要阵地。图为中央党校留存的胡耀邦 1977 年 6 月 21 日对《理论动态》编辑问题指示的记录稿。

理论动态 1

中共中央党校校刊编辑室　　1977年7月15日

“继续革命”问题的探讨

在学习《毛泽东选集》第五卷的过程中，同志们针对着“四人帮”长期以来对马列主义、毛泽东思想的歪曲和篡改，提出了不少问题。七月十二日，我校邀集教研室部分同志座谈。哲学教研室主任吴江同志提出了如何完整地、准确地领会毛主席关于无产阶级专政下继续革命的问题。我们觉得这个问题非常重要，值得很好弄清楚，特将他的发言刊登如下：

无产阶级专政下继续革命的思想，是《毛选》第五卷中着重阐明的非常重要的思想。华主席就此所写的重要文章我们都学习过了。军大同志作了专题研究，谈之也很有益。这里我主要谈两点：（一）马列主义关于不断革命的思想是否

胡耀邦要求理论工作者要紧密联系实际，敢于接触当前全党的重大理论问题，不绕开矛盾走。图为1977年7月15日《理论动态》创刊号刊登的《“继续革命”问题的探讨》。

胡耀邦对《理论动态》怀有深厚的感情。他曾说过：我死后，
要写上一笔，生前办过《理论动态》。图为胡耀邦在批阅稿件。

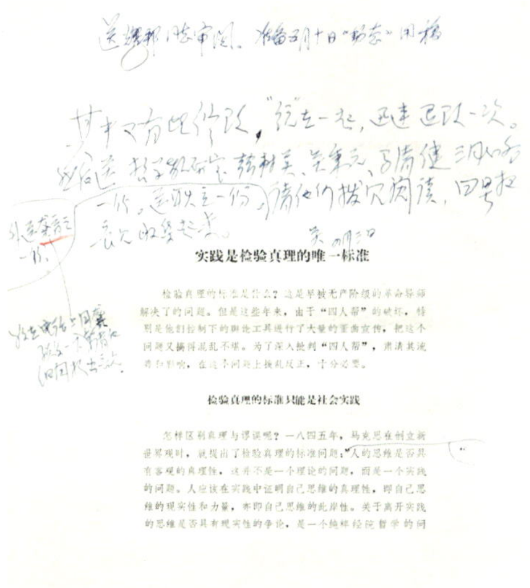

实践是检验真理的唯一标准

检验真理的标准是什么？这是早被无产阶级的革命导师解决了的问题。但是这些年来，由于“四人帮”的破坏，特别是他们控制下的舆论工具进行了大量的歪曲宣传，把这个问题又搞得混乱不堪。为了深入批判“四人帮”，肃清其流毒和影响，在这个问题上拨乱反正，十分必要。

检验真理的标准只能是社会实践

怎样区别真理与谬误呢？一八四五年，马克思在创立新世界观时，就提出了检验真理的标准问题：“人的思维是否具有客观的真理性，这并不是一个理论的问题，而是一个实践的问题。人应该在实践中证明自己思维的真理性，即自己思维的现实性和力量，亦即自己思维的此岸性。关于离开实践的思维是否具有现实性的争论，是一个纯粹经院哲学的问

胡耀邦主持《实践是检验真理的唯一标准》一文的审定和发表，组织和推动关于真理标准问题的讨论。图为胡耀邦圈阅的文章清样稿。

胡耀邦多次在家中召开理论动态组会议，研究拨乱反正的有关问题。图为北京市东城区富强胡同6号胡耀邦住宅，《实践是检验真理的唯一标准》一文就在这里定稿。

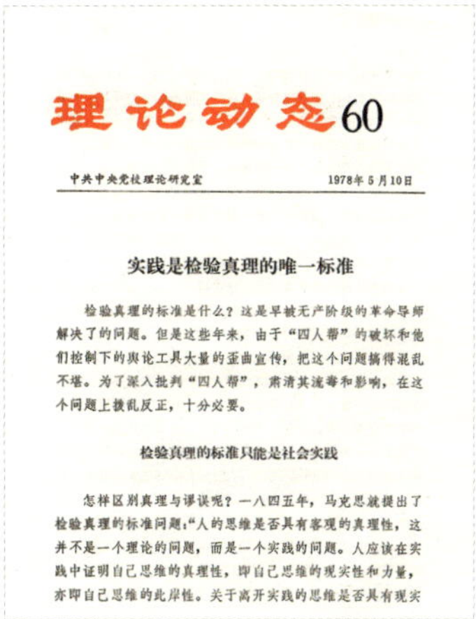

理论动态60

中共中央党校理论研究室　　1978年5月10日

实践是检验真理的唯一标准

检验真理的标准是什么？这是早被无产阶级的革命导师解决了的问题。但是这些年来，由于“四人帮”的破坏和他们控制下的舆论工具大量的歪曲宣传，把这个问题搞得混乱不堪。为了深入批判“四人帮”，肃清其流毒和影响，在这个问题上拨乱反正，十分必要。

检验真理的标准只能是社会实践

怎样区别真理与谬误呢？一八四五年，马克思就提出了检验真理的标准问题：“人的思维是否具有客观的真理性，这并不是一个理论的问题，而是一个实践的问题。人应该在实践中证明自己思维的真理性，即自己思维的现实性和力量，亦即自己思维的此岸性。关于离开实践的思维是否具有现实

光明日报

GUANG MING RIBAO

实践是检验真理的唯一标准

本报特约评论员

检验真理的标准只能是社会实践

理论与实践的统一，是马克思主义的一个最基本的原则

1978年5月10日，《实践是检验真理的唯一标准》在《理论动态》第60期刊发。5月11日，《光明日报》以“本报特约评论员”名义公开发表此文。《人民日报》、《解放军报》等各大报刊随后纷纷转载。

当真理标准问题的讨论遇到很大阻力时，邓小平、叶剑英、李先念、陈云等老同志公开表示支持。图为邓小平同胡耀邦（右）谈话。

马克思主义的一个最基本的原则

本报特约评论员

林彪、“四人帮”对理论与实践关系的根本颠倒

理论指导实践的过程，同时也就是实践检验理论，而使理论得到补充、纠正、丰富和发展的过程

罗瑞卿、谭震林等老同志也给胡耀邦以有力支持。图为1978年6月24日，《解放军报》以“本报特约评论员”名义发表的由罗瑞卿定稿的《马克思主义的一个最基本的原则》一文。

真理标准问题大讨论在全国范围内展开。1978年7月，中共黑龙江省委在第一书记杨易辰主持下召开省委常委扩大会议，率先表态支持真理标准问题讨论。图为1981年8月，胡耀邦（右一）到黑龙江省视察时与杨易辰（右二）合影。

广东是全国较早支持关于真理标准问题讨论的省份。
中共广东省委第二书记习仲勋旗帜鲜明地表示支持。
图为 1980 年 1 月，胡耀邦（左）与习仲勋在广州。

1978 年 12 月 18 日至 22 日，党的十一届三中全会在北京召开。全会作出把党和国家工作中心转移到经济建设上来、实行改革开放的历史性决策，开启了我国改革开放和社会主义现代化建设历史新时期，实现了新中国成立以来党的历史上具有深远意义的伟大转折。图为十一届三中全会会场。

胡耀邦在十一届三中全会上当选为中共中央政治局委员、
中共中央纪律检查委员会第三书记。

胡耀邦、黄火青、黄华、胡乔木（从左至右）在十一届三中全会上。

十一届三中全会高度评价关于实践是检验真理的唯一标准问题的讨论，认为它对于促进全党同志和全国人民解放思想、端正思想路线，具有深远的历史意义。图为1978年12月24日《人民日报》发表的十一届三中全会公报。

第八章

8 平反冤假错案和落实各项政策

1915—1989

1977年12月，胡耀邦担任中共中央组织部部长。1978年12月，胡耀邦在党的十一届三中全会上当选为中央政治局委员、中央纪律检查委员会第三书记，随后任中共中央秘书长兼中央宣传部部长。1980年2月，他在党的十一届五中全会上当选为中央政治局常委、中央委员会总书记。1981年6月，他在党的十一届六中全会上当选为中央委员会主席。

在拨乱反正的历史进程中，胡耀邦以对党、对人民、对历史高度负责的精神，以非凡的胆略和勇气，组织和领导了平反冤假错案、落实各项政策的大量工作。刚到中央组织部，他即在全体干部会议上提出：平反冤假错案、落实干部政策是组织部门义不容辞的责任和责无旁贷的首要任务；目前"积案如山，步履艰难"，大家要有"会当凌绝顶"的决心去做好这项工作。他克服重重阻力，创办《组工通讯》，建立各级工作机构，组织得力办案队伍，开展艰苦细致的调查研究。他坚持实事求是、有错必纠的原则，提出了"两个不管"的方针，即凡是不实之词，凡是不正确的结论和处理，不管什么时候、什么情况下搞的，不管是哪一级、什么人定的和批准的，都要改正过来。在他的组织和领导下，平反冤假错案的工作取得突破性进展。一批受到迫害的老干部重新走上领导岗位，大批蒙受冤屈和迫害的干部、知识分子和人民群众得到平反昭雪、恢复名誉，极大地调动了广大干部和群众投身社会主义现代化建设的积极性。党的十一届三中全会后，胡耀邦担任中央"两案"（林彪、江青反革命集团案）审理领导小组组长，在邓小平领导下主持《关于建国以来党的若干历史问题的决议》的起草工作，为拨乱反正呕心沥血，作出了多方面的重大贡献。

1977 年 12 月 19 日，胡耀邦正式到中央组织部工作。图为担任中组部部长时的胡耀邦。

人民日报

RENMIN RIBAO

毛主席的干部政策必须认真落实

本报评论员

把"四人帮"颠倒了的干部路线是非纠正过来

红旗

胡耀邦紧密结合揭批"四人帮"，大力宣传平反冤假错案和落实干部政策的必要性、紧迫性及其重大意义。图为1977年10月和11月，《人民日报》发表的由胡耀邦审定的关于落实干部政策的两篇文章。

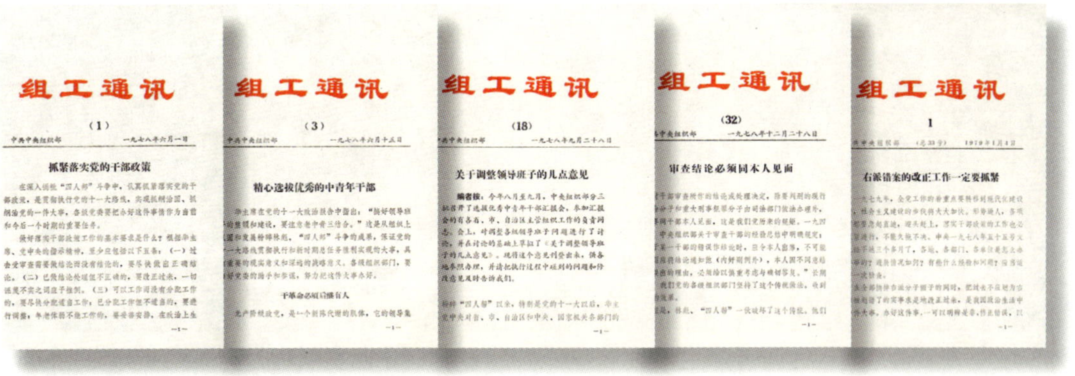
组工通讯

（1）

中共中央组织部　一九七八年六月一日

抓紧落实党的干部政策

组工通讯

（3）

精心选拔优秀的中青年干部

组工通讯

（18）

关于调整领导班子的几点意见

组工通讯

（32）

审查结论必须同本人见面

组工通讯

1

右派错案的改正工作一定要抓紧

胡耀邦在中组部创办的《组工通讯》，为平反冤假错案、落实干部政策起到了重要指导作用。图为《组工通讯》影印件。

胡耀邦要求恢复组织部门作为“党员之家”、“干部之家”的光荣传统和优良作风。中组部设立一系列机构，积极开展平反冤假错案、落实干部政策的工作。图为位于北京西单北大街110号的中组部大楼旧址。

1978年9月18日至10月5日，全国信访工作会议在北京召开。胡耀邦就冤假错案复查平反工作旗帜鲜明地提出“两个不管”的方针，即凡是不实之词，凡是不正确的结论和处理，不管什么时候、什么情况下搞的，不管是哪一级、什么人定的和批准的，都要改正过来。图为全国信访工作会议会场。

胡耀邦带领中组部的广大干部艰苦工作，平反了一批“文化大革命”中形成的、在全国有重大影响的冤假错案。1978年12月，中共中央为所谓“六十一人案件”平反。1979年1月25日，胡耀邦参加廖鲁言、徐子荣、胡锡奎、刘锡五和王其梅追悼会并致悼词，为他们平反昭雪，恢复名誉。图为追悼会会场。

人民日报

胡耀邦同志在安子文同志追悼会上的悼词

1980年7月12日

1980年7月12日，胡耀邦参加安子文追悼会并致悼词，宣布中央决定为1966年前的中央组织部恢复名誉。图为7月13日《人民日报》刊登的胡耀邦在安子文追悼会上的悼词。

沉痛悼念党的久经考验的忠诚革命战士、深受广大党员和群众怀念爱戴的无产阶级革命家

彭德怀、陶铸同志追悼大会隆重举行

华国锋叶剑英邓小平李先念陈云汪东兴同志送了花圈、参加了追悼会

中共中央送了花圈　党和国家其他领导人以及首都各界群众代表两千多人参加了追悼会

叶剑英同志宣布追悼会开始　邓小平、陈云同志分别致悼词

彭德怀同志遗像

陶铸同志遗像

新华社北京十二月二十四日电　党和国家领导人以及首都各界群众代表两千多人，今天下午隆重举行追悼大会，沉痛悼念我们党的久经考验的忠诚的革命战士、深受广大党员和群众怀念和爱戴的老一辈无产阶级革命家彭德怀、陶铸同志。

彭德怀、陶铸同志是我们党和国家的卓越领导人，曾担任过许多重要领导职务。他们在林彪、“四人帮”的残酷迫害下，分别于一九七四年十一月二十九日和一九六九年十一月三十日不幸逝世。今天，华国锋同志为首的党中央本着实事求是的精神，认真落实党的政策，给彭德怀、陶铸同志作出了全面的、公正的评价，为他们恢复了名誉。

追悼会在人民大会堂举行。会场正中悬挂着彭德怀、陶铸同志的遗像，安放着彭德怀、陶铸同志的骨灰盒，上面覆盖着中国共产党党旗。

华国锋主席，叶剑英、邓小平、李先念、陈云、汪东兴副主席和中国共产党中央委员会送的花圈分别放在彭德怀、陶铸同志遗像两侧。

1978年12月24日，中共中央在北京隆重举行彭德怀、陶铸追悼大会，为他们平反，恢复名誉。图为12月25日《人民日报》的报道。

胡耀邦为帅孟奇、王任重、王鹤寿3位老同志的复查平反工作倾注了很大心血。图为20世纪80年代初，胡耀邦（前排左一）在湖南长沙看望帅孟奇（前排左二）等老同志。

1980 年 2 月，党的十一届五中全会通过《关于为刘少奇同志平反的决议》，恢复刘少奇作为伟大的马克思主义者和无产阶级革命家、党和国家的主要领导人之一的名誉。1980 年 5 月 17 日，中共中央在人民大会堂隆重举行刘少奇追悼大会。图为追悼大会会场。

在刘少奇追悼大会上，胡耀邦（左二）与刘少奇夫人王光美（左一）握手，表示慰问。右一为王震。

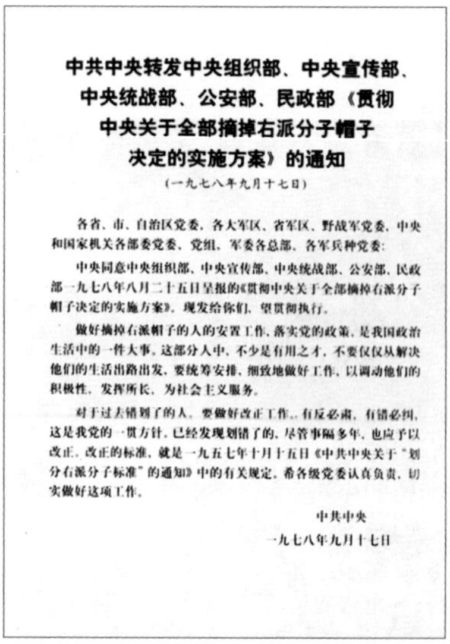

中共中央转发中央组织部、中央宣传部、中央统战部、公安部、民政部《贯彻中央关于全部摘掉右派分子帽子决定的实施方案》的通知

（一九七八年九月十七日）

各省、市、自治区党委，各大军区、省军区、野战军党委，中央和国家机关各部委党委、党组，军委各总部、各军兵种党委：

中央同意中央组织部、中央宣传部、中央统战部、公安部、民政部一九七八年八月二十五日呈报的《贯彻中央关于全部摘掉右派分子帽子决定的实施方案》，现发给你们，望贯彻执行。

做好摘掉右派帽子的人的安置工作，落实党的政策，是我国政治生活中的一件大事。这部分人中，不少是有用之才，不要仅仅从解决他们的生活出路出发，要统筹安排，细致地做好工作，以调动他们的积极性，发挥所长，为社会主义服务。

对于过去错划了的人，要做好改正工作。有反必肃，有错必纠，这是我党的一贯方针。已经发现划错了的，尽管事隔多年，也应予以改正。改正的标准，就是一九五七年十月十五日《中共中央关于“划分右派分子标准”的通知》中的有关规定。希各级党委认真负责，切实做好这项工作。

中共中央

一九七八年九月十七日

在胡耀邦的推动下，对错划右派分子的摘帽和改正工作获得重大进展。图为1978年9月17日，中共中央转发中央组织部、中央宣传部、中央统战部、公安部、民政部《贯彻中央关于全部摘掉右派分子帽子决定的实施方案》的通知。

人民日报

RENMIN RIBAO

切实整顿组织部门　落实党的干部政策

本报评论员

1978年1月10日，《人民日报》发表胡耀邦指导下写成的《切实整顿组织部门　落实党的干部政策》的评论员文章。

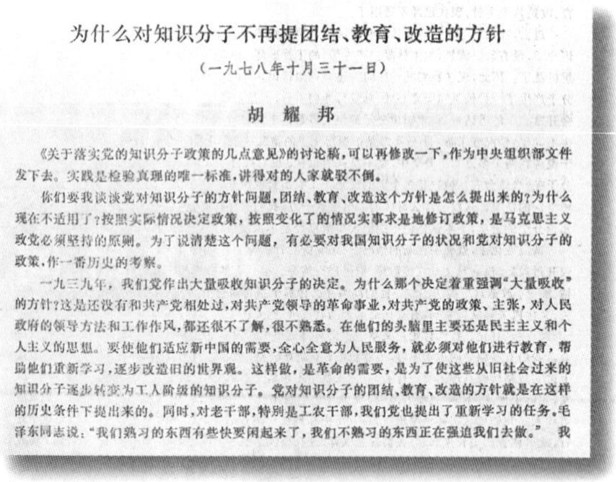

为什么对知识分子不再提团结、教育、改造的方针

（一九七八年十月三十一日）

胡　耀　邦

《关于落实党的知识分子政策的几点意见》的讨论稿，可以再修改一下，作为中央组织部文件发下去。实践是检验真理的唯一标准，讲得对的人家就驳不倒。

你们要我谈谈党对知识分子的方针问题，团结、教育、改造这个方针是怎么提出来的？为什么现在不适用了？按照实际情况决定政策，按照变化了的情况实事求是地修订政策，是马克思主义政党必须坚持的原则。为了说清楚这个问题，有必要对我国知识分子的状况和党对知识分子的政策，作一番历史的考察。

一九三九年，我们党作出大量吸收知识分子的决定。为什么那个决定着重强调“大量吸收”的方针？这是还没有和共产党相处过，对共产党领导的革命事业，对共产党的政策、主张，对人民政府的领导方法和工作作风，都还很不了解，很不熟悉。在他们的头脑里主要还是民主主义和个人主义的思想。要使他们适应新中国的需要，全心全意为人民服务，就必须对他们进行教育，帮助他们重新学习，逐步改造旧的世界观。这样做，是革命的需要，是为了使这些从旧社会过来的知识分子逐步转变为工人阶级的知识分子。党对知识分子的团结、教育、改造的方针就是在这样的历史条件下提出来的。同时，对老干部，特别是工农干部，我们党也提出了重新学习的任务。毛泽东同志说：“我们熟习的东西有些快要闲起来了，我们不熟习的东西正在强迫我们去做。” 我

在胡耀邦的主持下，中央组织部为科学、教育、文化界的一大批专家、教授、知名人士平反昭雪，落实政策。图为1978年10月31日，胡耀邦在中组部召开的落实党的知识分子政策座谈会的讲话影印件。

人民日报

RENMIN RIBAO

抓紧落实农村基层干部政策

在胡耀邦的推动下，中央组织部于1978年11月发出《关于落实农村基层干部政策的几点意见》的通知。图为1979年2月26日《人民日报》为此发表的评论员文章。

党的统战政策逐步得到落实，历史遗留问题得到妥善解决。图为1981年5月31日，胡耀邦等接见全国国内侨务工作座谈会代表。前排左一至左七：方毅、韦国清、李先念、胡耀邦、乌兰夫、薄一波、廖承志。

1979年1月23日，胡耀邦在全国科协和全国政协科技组举行的首都科技界春节茶话会上发表讲话。他指出：实现“四化”，科学先行，科学家是排头兵。左一、左二分别为：胡耀邦、王首道。

1980年6月27日，胡耀邦（二排右一）主持召开师范教育座谈会。

人民日报

RENMIN RIBAO

文化部党组作出决定并经上级批准

为原文化部大错案彻底平反

指出解放后十七年文化艺术各个领域的工作成绩是主要的，根本不存在什么“文艺黑线”、“黑线代表人物”问题；凡是受到所谓“旧文化部”、“帝王将相部、才子佳人部、外国死人部”、“文艺黑线”牵连，受到打击、诬陷的同志一律彻底平反

本报讯　最近，文化部党组召开扩大会，讨论贯彻中央工作会议和三中全会精神，把文化部工作的着重点转移到抓社会主义文化建设、繁荣文化艺术生产上面来，使人民群众能够看到更多更好的各种形式的文艺作品，使文化艺术工作更好地为实现新时期总任务、促进我国社会主义现代化建设服务。会议发扬民主，对当前工作和一些历史问题展开了热烈讨论。

与会同志一致指出，林彪、“四人帮”和那个所谓“理论权威”，为了篡党夺权的罪恶目的，互相勾结，利用和歪曲毛泽东同志对当时文化部工作中某些缺点的批评，给文化部扣上“为资产阶级服务的旧文化部”、“帝王将相部、才子佳人部、外国死人部”等等大帽子达十多年，把文化部彻底“砸烂”，打进十八层地狱，使各级文化部门的领导干部和群众、广大的文化艺术工作者和业余文化艺术工作者受到残酷的迫害。为此，文化部党组决定，并报经上级批准，公开为文化部这个大错案彻底平反。

解放后十七年文化部的工作，在党中央和国务院的直接领导下，在周恩来同志的亲切关怀下，是积极贯彻执行了以毛泽东同志为首的党中央的革命文艺路线的，文化艺术各个领域的工作成绩是主要的。广大文化艺术工作者和文化艺术干部是好的或比较好的，根本不存在一条什么“文艺黑线”，根本不存在所谓以周扬、夏衍、田汉、阳翰笙同志为代表的所谓“黑线代表人物”问题。文化部党组宣布：凡是受到所谓“旧文化部”、“帝王将相部、才子佳人部、外国死人部”、“文艺黑线”这些大错案的牵连，受到打击、诬陷的同志一律彻底平反，一切诬蔑不实之词统统推倒。文化部希望广大文化艺术工作者、文化艺术干部和业余文化艺术工作者，更加紧密地团结在以华国锋同志为首的党中央周围，树雄心，立大志，团结战斗，奋勇争先，努力贯彻百花齐放、百家争鸣的方针，为繁荣文化艺术，创造更多更好的精神产品，为社会主义现代化建设作出更大贡献。

1979 年 2 月，胡耀邦对文化部党组决定为“旧文化部”、“帝王将相部、才子佳人部、外国死人部”大错案及田汉所谓“黑线代表人物”、“四条汉子”问题彻底平反作出批示。图为 3 月 1 日，《人民日报》刊发《为原文化部大错案彻底平反》的消息。

1979 年 10 月 30 日至 11 月 16 日，中国文学艺术工作者第四次代表大会在北京召开。会议肯定“文化大革命”前十七年的文艺路线基本是正确的，文艺工作的成绩是显著的。图为胡耀邦在大会闭幕茶会上致辞。

胡耀邦在十一届五中全会上当选为中央政治局常委、中央委员会总书记。图为胡耀邦在会场投票。

1980年2月23日至29日，党的十一届五中全会在北京召开。图为十一届五中全会会场。主席台右一为胡耀邦。

胡耀邦担任中央“两案”（林彪、江青反革命集团案）审理领导小组组长。1980 年 11 月至 1981 年 1 月，林彪、江青反革命集团 10 名主犯受到严正审判。图为“两案”审判现场。

人民日报

RENMIN RIBAO

人民大众开心之日，正是反革命分子难受之时

特别法庭判决林江反革命集团十主犯

判处江青、张春桥死刑，缓期二年执行，剥夺政治权利终身

王洪文无期徒刑，剥夺政治权利终身；姚文元有期徒刑二十年，剥夺政治权利五年；陈伯达有期徒刑十八年，剥夺政治权利五年；黄永胜有期徒刑十八年，剥夺政治权利五年；吴法宪有期徒刑十七年，剥夺政治权利五年；李作鹏有期徒刑十七年，剥夺政治权利五年；邱会作有期徒刑十六年，剥夺政治权利五年；江腾蛟有期徒刑十八年，剥夺政治权利五年

社论

正 义 的 判 决

1981 年 1 月 26 日，《人民日报》对“两案”审判予以报道，并发表题为《正义的判决》的社论。

1981 年 6 月 27 日至 29 日，党的十一届六中全会在北京召开，胡耀邦参加会议并当选为中央委员会主席。图为胡耀邦在主持十一届六中全会开幕式。

人民日报

RENMIN RIBAO

《关于建国以来党的若干历史问题的决议》，运用马克思主义的辩证唯物论和历史唯物论，对建国三十二年来党的重大历史事件特别是"文化大革命"作出了正确的总结，科学地分析了在这些事件中党的指导思想的正确和错误，分析了产生错误的主观因素和社会原因，实事求是地评价了伟大领袖和导师毛泽东同志在中国革命中的历史地位，充分论述了毛泽东思想作为我们党的指导思想的伟大意义。

关于建国以来党的若干历史问题的决议

（一九八一年六月二十七日中国共产党第十一届中央委员会第六次全体会议一致通过）

建国以前二十八年历史的回顾

建国三十二年历史的基本估计

十一届六中全会通过的《关于建国以来党的若干历史问题的决议》，标志着党在指导思想上拨乱反正任务的胜利完成。图为 1981 年 7 月 1 日《人民日报》发表的《关于建国以来党的若干历史问题的决议》。

在中共中央政治局、中央书记处领导下，邓小平和胡耀邦主持《关于建国以来党的若干历史问题的决议》的起草工作。图为邓小平与胡耀邦（右）在十一届六中全会上。

1981年7月17日，胡耀邦（二排右四）、胡乔木（二排左四）等与《关于建国以来党的若干历史问题的决议》起草工作人员合影。二排左三为邓力群，二排右三为胡绳。

1981 年 7 月 1 日，首都各界在人民大会堂隆重集会，庆祝中国共产党成立 60 周年。图为胡耀邦在大会上发表讲话。他指出，中国共产党 60 年的历史是为民族解放和人民幸福而前仆后继、英勇奋斗的历史。我们党和国家正处在拨乱反正、继往开来的重要历史时期。党要在新时期驾驶中国革命的航船，乘风破浪，使农业、工业、国防、科学技术的现代化建设顺利进行。

第九章

9 锐意改革开放

1915～1989

党的十一届三中全会作出把党和国家的工作中心转移到经济建设上来和实行改革开放的历史性决策，开启了改革开放和社会主义现代化建设新时期。1982年9月，在党的十二大上，胡耀邦代表第十一届中央委员会所作的题为《全面开创社会主义现代化建设的新局面》的报告，明确提出党在新时期的重大历史任务。在十二届一中全会上，他当选为中央政治局委员、常委、中央委员会总书记。胡耀邦积极参与制定党中央的重大决策和战略部署，大力推动党和国家工作重点的转移，大力推进改革开放和社会主义现代化建设，在建设中国特色社会主义的伟大实践中解放思想、努力探索，提出了许多重要的思想观点，表现出锐意改革、勇于创新的思想品格和精神境界。他满腔热情地支持农村经济体制改革，大力调动广大农村干部和农民群众的积极性和创造性，积极推动乡镇企业的发展，主持制定有关农村问题的一系列重大方针政策，有力推动了农业发展。他重视和推动以城市为中心的整个经济体制改革，主持制定《中共中央关于经济体制改革的决定》。他关心和支持经济特区的创办和发展，为对外开放由点到面、由沿海向内地新格局的推进倾注了大量心血。他十分关心边疆和贫困地区的建设事业，经常深入老少边穷地区调研考察，同当地干部群众促膝谈心，提倡勤劳致富，共商脱贫致富大计，促进各类地区的开发开放。作为党的总书记，胡耀邦不负全党全国人民的重托，为全面开创改革开放和社会主义现代化建设新局面，为中国特色社会主义道路的探索作出了重大贡献。

胡耀邦在中国共产党第十二次全国代表大会主席台上。

1982 年 9 月 1 日至 11 日，中国共产党第十二次全国代表大会在北京举行。胡耀邦代表第十一届中央委员会作题为《全面开创社会主义现代化建设的新局面》的报告。图为大会会场。

1982—1986 年中共中央一号文件		
时　间	文　件	内　容
1982 年 1 月 1 日	中共中央批转《全国农村工作会议纪要》	肯定包产到户等各种生产责任制都是社会主义集体经济的生产责任制。
1983 年 1 月 2 日	中共中央关于印发《当前农村经济政策的若干问题》的通知	肯定联产承包制是在党的领导下中国农民的伟大创造。
1984 年 1 月 1 日	《中共中央关于一九八四年农村工作的通知》	强调稳定和完善生产责任制，疏理流通渠道，发展商品生产，延长土地承包期一般应在 15 年以上。
1985 年 1 月 1 日	《中共中央、国务院关于进一步活跃农村经济的十项政策》	决定改革农产品统购派购制度，从 1985 年起实行合同定购和市场收购。
1986 年 1 月 1 日	《中共中央、国务院关于一九八六年农村工作的部署》	强调要进一步摆正农业的基础地位，大力改善农业生产条件，增加农业投入，调整工农城乡关系。

胡耀邦担任中共中央总书记期间，党中央从 1982 年到 1986 年连续 5 年发布以农业、农村和农民为主题的一号文件，推行和完善家庭联产承包责任制，有力推动了农村改革和农村经济发展。

胡耀邦在中南海办公室工作。

胡耀邦重视以家庭联产承包责任制为标志的农村改革，经常深入基层，听取干部群众的意见。图为 1985 年 10 月，胡耀邦在甘肃陇南农村考察途中同群众在地头交谈。

1982 年 10 月 30 日，胡耀邦（前排左二）在安徽省委常委王郁昭（二排左一）陪同下到安徽省滁县琅琊公社上庄生产队考察。

1986 年 10 月 27 日，胡耀邦（前排左三）考察江苏省常熟市元和村时，同承包 500 亩农田的 4 位合作农场女场长合影。右一为江苏省委书记韩培信，左一为江苏省省长顾秀莲。

胡耀邦强调决不放松粮食生产，积极发展农村多种经营。图为 1982 年 7 月 24 日，胡耀邦在内蒙古自治区昭乌达盟赤峰县打粮沟门奶山羊乳粉厂考察。

胡耀邦支持乡镇企业发展，以此推动农村城镇化进程。图为 1981 年 4 月 16 日，胡耀邦（右二）在浙江省德清县莫干山竹制品厂考察。左二为浙江省委副书记王芳。

1984 年 2 月 8 日，胡耀邦（前排左二）在江苏省常州市郊永红公社编织袋厂考察。

1986 年 10 月 27 日，胡耀邦（前排左二）到江苏省张家港市欧桥村考察农村建设情况。胡耀邦身后左侧为中央办公厅主任温家宝。

1984 年 10 月 1 日，天安门广场举行盛大的阅兵仪式和群众游行，庆祝中华人民共和国成立 35 周年。图为邓小平（右）和胡耀邦（左）在天安门城楼上。

家庭联产承包责任制的普遍推行，极大调动了亿万农民的生产积极性，中国农村的面貌发生巨大变化。图为 1984 年 10 月 1 日国庆游行场面。由 5 辆拖拉机牵引的“联产承包好”彩车走在农业队伍的最前面，表达富裕起来的农民群众内心的喜悦。

1983年1月20日，胡耀邦在全国职工思想政治工作会议上作题为《四化建设和改革问题》的报告，强调改革的总方针就是从实际出发，全面而系统地改，坚决而有秩序地改，有领导有步骤地改。图为胡耀邦（前排左三）和宋任穷（前排左一）、余秋里（前排左二）、万里（前排左四）等在主席台上。

1984年10月20日，党的十二届三中全会在北京召开，通过《中共中央关于经济体制改革的决定》。会后，改革重点从农村转向城市，经济体制改革全面展开。图为胡耀邦（主席台站立者）在主持会议。

1984年4月3日，胡耀邦（前排右二）在河南省平顶山市帘子布厂考察，了解该厂引进成套设备后的生产情况。

1984年10月底11月初，胡耀邦到江苏省考察时，召开江苏、河南、安徽3省负责人座谈会，提出企业扩大经营自主权、政府简政放权问题。图为10月31日，胡耀邦（左二）在江苏省徐州市考察轻工企业。

胡耀邦关心和支持城市工业发展，强调企业要有改革创新精神。图为 1982 年 9 月 19 日，胡耀邦（前排左一）在四川省攀枝花钢铁公司考察。

1982 年 6 月，胡耀邦到湖北省十堰市第二汽车制造厂考察。图为胡耀邦（左）兴致勃勃地乘坐崭新的“东风”牌 5 吨载重汽车。

1983 年 8 月 20 日，胡耀邦（前）在上海宝山钢铁总厂考察。

城镇集体经济和个体经济的发展，使我国所有制结构发生新的变化。1983 年 8 月 23 日至 29 日，首次全国发展集体和个体经济安置城镇青年就业先进表彰大会在北京召开。图为胡耀邦在中南海怀仁堂会见会议代表并讲话。主席台右起：胡子昂、习仲勋、王震、胡耀邦、万里、胡厥文、余秋里、倪志福、康克清。

胡耀邦重视基础设施建设。图为 1982 年 9 月，胡耀邦（中间坐者）在四川省考察二滩水电站坝址。

1983 年 8 月 2 日，胡耀邦（前排左四）在甘肃省刘家峡水电厂考察。前排左五为兰州军区政治委员萧华，前排左二为全国政协副主席杨静仁。

1984年，胡耀邦（前排左二）在北京市副市长张百发（前排左一）的陪同下，考察北京市的基础设施建设。

1984年12月31日，胡耀邦与余秋里、康世恩、唐克（前排从右至左）等到华北油田，向石油战线职工致以节日慰问。

胡耀邦十分关心经济特区建设和对外开放工作。图为 1980 年 1 月，胡耀邦、叶剑英听取习仲勋、杨尚昆（从右至左）汇报广东省的对外开放工作。

1982 年 11 月 3 日，胡耀邦在福建省厦门市考察正在建设中的湖里加工区。

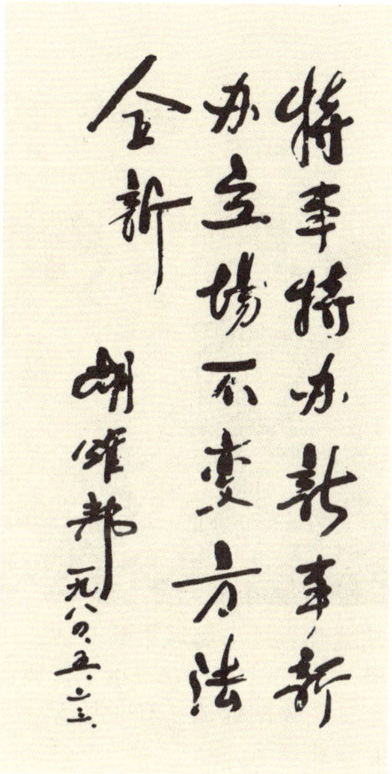

1984 年 5 月 23 日，胡耀邦到广东省深圳市考察。左图为胡耀邦（前排右二）会见蛇口工业区的干部职工，前排右一为蛇口工业区党委书记袁庚。右图为胡耀邦为深圳书写的题词。

1984 年 5 月 24 日，胡耀邦（前排左四）在珠海特区九洲港码头考察。

胡耀邦重视沿海城市的开放。1984 年 3 月 26 日至 4 月 6 日，中央书记处和国务院召开沿海部分城市工作座谈会，决定进一步开放大连等 14 个沿海港口城市。图为胡耀邦（前排左二）在我国第一座集装箱码头——天津新港参观集装箱作业表演。

1983 年 9 月 23 日，胡耀邦（前右）在辽宁省大连港考察。

1984 年 10 月 21 日至 27 日，胡耀邦到山东省烟台、青岛等地考察。图为胡耀邦（左一）听取青岛市委汇报工作。

1986 年 2 月 14 日至 15 日，胡耀邦在广西壮族自治区北海市考察，提出要以港口城市的模式建设北海。图为胡耀邦（中）参观规划中的北海市海滨浴场。左二为中央办公厅副主任温家宝。

1986年11月17日至27日，胡耀邦在上海市考察时提出：改革、开放是推动中国历史前进、推动现代化建设和社会主义精神文明建设前进的两个巨轮，是克服前进中困难和发展大好形势的两大法宝。图为胡耀邦（左二）在上海考察工艺品生产。左一为上海市市长江泽民。

胡耀邦重视沿海经济开放区的建设。1985 年 1 月，国务院召开座谈会，决定将长江、珠江三角洲和闽南厦（门）漳（州）泉（州）三角地区开辟为沿海经济开放区。图为胡耀邦（右）在广东省省长梁灵光（左）陪同下，参观中山市长江乐园。

胡耀邦支持发展商品出口贸易，提出要利用国内国外两种资源，打开国内国际两个市场，学会两套本领。图为 1985 年 4 月 12 日，胡耀邦在广州参观即将开幕的 1985 年春季中国出口商品交易会服装展览馆。

胡耀邦重视发挥港澳同胞、台湾同胞、海外侨胞和海外人士在对外开放中的作用。图为1984年12月20日，胡耀邦（前右）在中南海会见香港环球航运集团主席包玉刚（前左）。

1986年5月6日，胡耀邦（右一）在中南海会见中国政府沿海开发经济顾问兼旅游业顾问、新加坡原副总理吴庆瑞博士（左一）。

1983年8月8日，胡耀邦在北京会见美国西方石油公司董事长阿曼德·哈默。图为胡耀邦（前右一）向哈默（前左一）赠送纪念品。

胡耀邦多次长途跋涉，深入老少边穷地区调研考察，同当地干部群众共商脱贫致富大计。图为1985年2月19日农历除夕，在云南考察的胡耀邦走访一户正在吃午饭的彝族农家，嘘寒问暖。他顺手拿起一把勺子，品尝米饭。

1983 年 7 月中旬至 8 月上旬，胡耀邦考察甘肃、青海、陕西等地。针对西北地区突出的干旱问题，他提出要念好“草木经”，改善生态环境，跳出单打一抓粮食的思路，来个“反弹琵琶”，农林牧综合发展。图为胡耀邦（右排右三）同甘肃省定西、平凉地区的干部在一起。

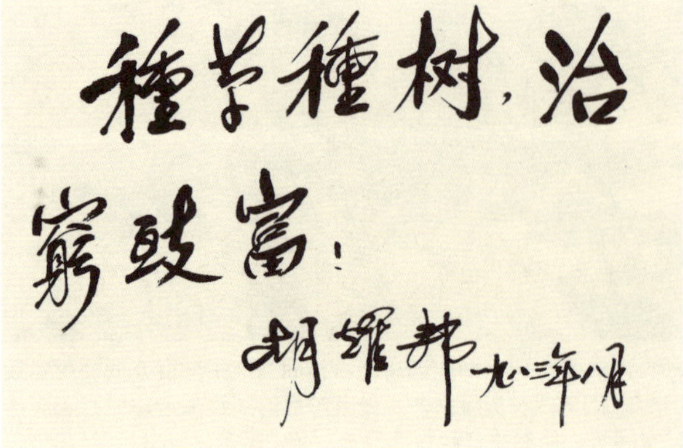

1983 年 8 月，胡耀邦在甘肃考察时的题词。

胡耀邦牵挂江西共青城的发展。图为1984年12月12日，胡耀邦（右一）考察垦殖场时，同党委书记、老垦荒队员于维忠（右二）和场长戚善宏（左一）握手交谈。

1985年6月中旬，胡耀邦深入山西省贫困山区考察。图为6月18日，胡耀邦（左一）在山西省委书记李立功（右一坐者）陪同下访问吉县南村坡村农民郭拴旺一家。

胡耀邦关心和支持少数民族地区的建设和发展。1983年7月下旬，胡耀邦到青海省考察。图为胡耀邦（前右）在日月山下看望藏族同胞时，亲切询问他们的皮袄能否抵挡得住高原的风寒。

1984 年 5 月 12 日，胡耀邦（左二）和杨尚昆（左一）在吉林省延边朝鲜族自治州考察期间与朝鲜族儿童在一起。

1985 年 9 月 18 日，中国共产党全国代表会议在北京召开，胡耀邦致题为《团结奋斗，再展宏图》的开幕词。会议通过《中共中央关于制定国民经济和社会发展第七个五年计划的建议》。图为中国共产党全国代表会议会场。

第十章

10

推进民主法制建设和爱国统一战线工作

1915—1989

胡耀邦高度重视社会主义民主法制建设，强调社会主义物质文明和精神文明建设都要靠继续发展社会主义民主来保证和支持，同时注意社会主义民主和法制的紧密结合，坚持“党必须在宪法和法律的范围内活动”，努力推动全党全社会树立学法、懂法、守法之风。他根据党的十一届三中全会制定的路线方针政策，从巩固和发展安定团结的政治局面、调动一切积极因素为社会主义现代化建设服务的大局出发，积极推进党的爱国统一战线工作和民族工作、宗教工作。他提出统一战线在新的历史时期仍然有强大的生命力，仍然是党的一大法宝；要继续肃清“左”的影响，防止和克服关门主义的、孤家寡人的、包打天下的错误倾向，一定要同一切党外朋友真正建立起肝胆相照、荣辱与共的关系。他为坚持和完善中国共产党领导的多党合作和政治协商制度，加强中国共产党同各民主党派和无党派人士的合作，付出了心血。他积极推动民族地区经济社会发展，提出民族工作“经济是关键”；在社会主义建设事业中，汉族离不开少数民族，少数民族也离不开汉族等重要观点，倡导全国各族人民加强团结，互相支持、互相帮助。他十分重视党的宗教工作，积极落实党的宗教政策，主持起草《关于我国社会主义时期宗教问题的基本观点和基本政策》，引导宗教与社会主义社会相适应。他一如既往地关心工会、共青团、妇联的工作，强调要充分发挥这些群众团体的作用，把广大工人、青少年和妇女组织起来，为社会主义现代化建设贡献力量，同时又要充分尊重和保护他们的合法权益。他十分关注侨务工作的健康发展，鼓励港澳台同胞和海外侨胞在我国对外开放和现代化建设中发挥作用。在新时期推进民主法制建设和统一战线工作方面，胡耀邦做了大量富有成效的工作。

胡耀邦高度重视社会主义民主法制建设。1982 年 11 月 26 日至 12 月 10 日，五届全国人大五次会议在北京举行。会议通过新修改的《中华人民共和国宪法》。图为 1982 年 12 月 6 日，胡耀邦（左）与王震在投票。

1982 年 11 月 23 日，胡耀邦出席宪法修改委员会第五次全体会议并参加讨论。

1982 年《中华人民共和国宪法》单行本。

1983年5月31日至6月1日，中共中央邀请五届全国人大常委会、政协五届全国委员会、各民主党派、各人民团体的负责人和无党派人士代表在北京召开民主协商会。图为胡耀邦（左）与全国政协副主席许德珩（右）握手。

1983 年 6 月 6 日至 21 日，六届全国人大一次会议在北京举行。会议选举、决定新一届国家领导工作人员，恢复设立国家主席和副主席，新设立中华人民共和国中央军事委员会，规范设立全国人大常委会专门委员会。图为胡耀邦（左一）等在六届全国人大一次会议上投票。

为推动全党树立学法、懂法、守法之风，胡耀邦提议开办法律知识讲座，对中央领导同志进行法律知识普及教育。图为1986年7月3日，中国人民大学副教授孙国华（左一）在中南海怀仁堂讲授法制课，中央书记处全体成员参加。左二为胡耀邦。

1986年12月20日，胡耀邦（左一）与乌兰夫（左二）等在人民大会堂会见出席第二次全国法制宣传教育工作会议的代表。

1987 年 4 月 22 日，胡耀邦（前右一）在中南海选区怀仁堂投票站领取选票，选举北京市西城区第九届人民代表大会代表。

1988 年 3 月 25 日至 4 月 13 日，七届全国人大一次会议在北京举行。图为 4 月 9 日，胡耀邦与李瑞环、胡启立、乔石（从右至左）在会议主席台上。

1981年12月21日至1982年1月6日，第十五次全国统战工作会议在北京召开。图为1982年1月5日，胡耀邦在会上讲话，强调统一战线仍然是中国共产党的一大法宝，中国共产党一定要同一切党外朋友真正建立起肝胆相照、荣辱与共的关系，并列举了10个方面的统战范围和对象，提出了统一战线的主要任务。

1981年10月9日，首都各界纪念辛亥革命70周年大会在人民大会堂召开。胡耀邦（前排左二）发表讲话指出：孙中山是伟大的民族英雄、伟大的爱国者、中国民主革命的伟大先驱。胡耀邦呼吁实行第三次国共合作，并以中国共产党负责人的身份，邀请蒋经国及台湾各界人士访问大陆。图为大会主席台。

1983 年 11 月 17 日，胡耀邦（右二）与邓小平（右一）、邓颖超（右三）等在人民大会堂会见出席中国民主促进会第五次全国代表大会、中国民主建国会第四次全国代表大会和中华全国工商业联合会第五届会员代表大会的全体代表。

1983 年 12 月 3 日，胡耀邦（左一）与邓小平（左二）等在人民大会堂会见出席中国致公党第八次全国代表大会、台湾民主自治同盟第三次全盟代表大会、中国农工民主党第九次全国代表大会和九三学社第四届全国社员代表大会的代表。

1983 年 12 月 23 日，胡耀邦（右一）与邓小平（右二）、李先念（右四）、彭真（右三）、万里（右五）等在人民大会堂会见出席中国国民党革命委员会第六次全国代表大会和中国民主同盟第五次全国代表大会的全体代表。

1985 年 6 月 10 日，胡耀邦（右）在中南海会见留美黄埔军校同学及其家属联谊会会长蔡文治。

1986 年 11 月 12 日，胡耀邦等出席在人民大会堂举行的首都各界纪念孙中山诞辰 120 周年大会。前排左起：方毅、万里、邓颖超、彭真、胡耀邦、乌兰夫、习仲勋、黄文欢、乔石、杨尚昆。

胡耀邦积极推进民族、宗教工作。1980年3月14日至15日，中共中央书记处在北京召开第一次西藏工作座谈会。会后，胡耀邦、万里率工作组于5月到西藏考察指导工作。图为5月22日，中共西藏自治区委员会代理第一书记阴法唐、书记巴桑（右一）、自治区人大常委会主任阿沛·阿旺晋美（二排左一）等到机场欢迎胡耀邦（前排左一）、万里（二排左三）一行。

1982年7月下旬，胡耀邦（左）在内蒙古自治区昭乌达盟巴林右旗草原考察时，牧民向他敬献奶茶。

1982 年 9 月 20 日，胡耀邦（前排左三）在四川省凉山彝族自治州喜德县东河公社同当地彝族干部群众座谈。

1984 年 3 月 27 日，中共中央书记处在北京召开第二次西藏工作座谈会。图为胡耀邦在座谈会上讲话。

1985 年 7 月 30 日，胡耀邦（前排左二）在新疆维吾尔自治区库尔勒市果园同当地干部交谈。

1986年2月7日，胡耀邦（前排左二）在云南省罗平县板桥区长底乡参加当地苗、布依、彝、汉族群众举行的春节联欢会时和各族群众跳起民族大团结舞。

1985 年，胡耀邦（右）与全国政协副主席、中国佛教协会会长赵朴初握手。

1985 年 7 月 26 日，胡耀邦（右二）在新疆维吾尔自治区喀什市艾提尕尔清真寺礼拜堂内同当地宗教界人士座谈。

胡耀邦关心工会、共青团、妇联等群众团体的工作。图为 1981 年 11 月，胡耀邦看望援助唐山建设的邯郸第二建筑公司施工工人。

1986 年 4 月 30 日，胡耀邦等出席在人民大会堂举行的纪念五一国际劳动节 100 周年大会。图为大会主席台。

1982年12月20日至30日，中国共产主义青年团第十一次全国代表大会在北京召开。图为12月30日，胡耀邦同邓小平、陈云、聂荣臻、徐向前等会见与会代表。

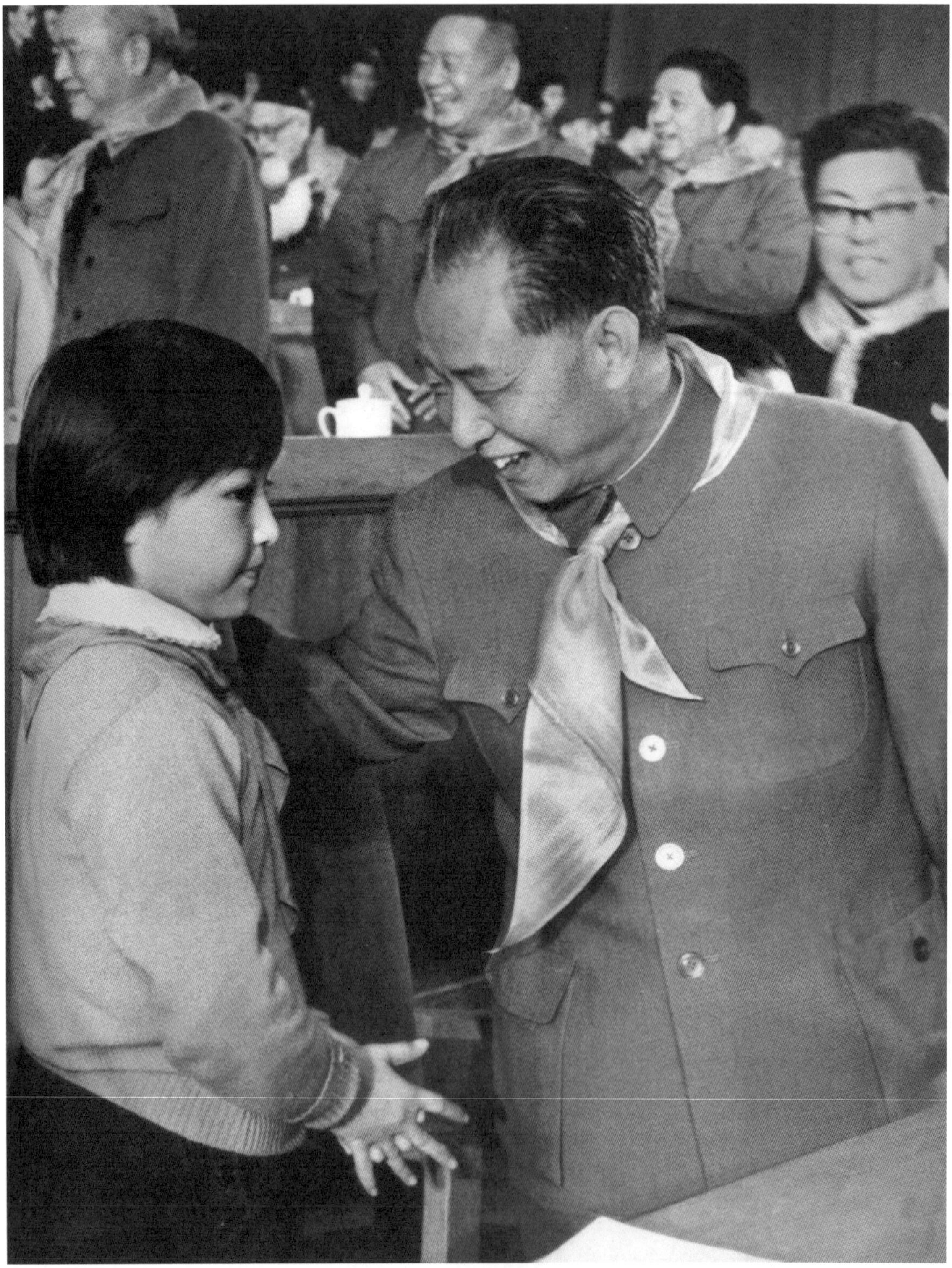

1982 年 12 月 30 日，少先队员在共青团十一大闭幕会上向胡耀邦（右）献红领巾。

1985 年 5 月 1 日，胡耀邦在中南海会见 50 年代青年志愿垦荒队代表。右三为共青团中央书记处第一书记胡锦涛。

1984 年 12 月 12 日，胡耀邦（左一）在江西省考察时为共青城题名。

1983 年 9 月 2 日至 12 日，中国妇女第五次全国代表大会在北京召开。图为胡耀邦（右）与全国政协副主席、全国妇联主席康克清在大会主席台上交谈。

1985 年 2 月 14 日，胡耀邦（中）在云南省大理白族自治州考察时与白族女青年在一起。

1985 年 7 月，胡耀邦（二排右一）在新疆维吾尔自治区喀什地区考察时与维吾尔族儿童在一起。

胡耀邦重视港澳台侨工作，注重发挥港澳台同胞和海外侨胞在现代化建设中的重要作用。图为 1985 年 7 月 7 日，胡耀邦（中）在中南海会见全国人大常委会委员、香港大公报社社长费彝民（左）。

1986 年 8 月 31 日，胡耀邦（前排左三）与姚依林（前排左五）等在中南海会见香港工商界知名人士董建华（前排左四）、霍英东（前排左二）等。

1983 年 12 月 3 日，胡耀邦等在人民大会堂会见出席台湾同胞为祖国作贡献经验交流大会的代表。

1983年1月2日，胡耀邦（前排左二）与万里（前排左三）、廖承志（前排左一）等出席全国归侨、侨眷、侨务工作者先进个人、先进集体表彰大会。

第十一章

11 重视社会主义精神文明建设

1915~1989

胡耀邦重视社会主义精神文明建设。在党的十二大上，他代表党中央作报告，提出要努力建设高度的社会主义精神文明，并把它作为同物质文明紧密相联的根本任务，作为社会主义现代化建设的战略方针。他要求中央机关以高尚的精神面貌和优良的工作作风，作全国的表率，带头搞好社会主义精神文明建设。他对“五讲四美三热爱”活动给予热情洋溢的支持和指导。他主持制定的《中共中央关于社会主义精神文明建设指导方针的决议》，为精神文明建设的健康发展提供了基本指导方针。

精神文明建设，包括思想道德建设和教育科学文化建设两个方面。针对当时科技体制、教育体制和文化艺术等领域存在的问题，胡耀邦先后主持制定《中共中央关于科学技术体制改革的决定》、《中共中央关于教育体制改革的决定》等文件，积极推进这些领域进行符合实际且富有成效的改革，打破了长期僵化的体制机制，调动了广大知识分子的积极性，促进了文化事业和教育科技事业的发展。

胡耀邦尊重知识、尊重人才，注意发挥知识分子在现代化建设中的重要作用。他高瞻远瞩、率先垂范，对知识分子政治上尊重信任，工作上放手支持，生活上关心爱护，成为他们的良师益友。他热情鼓励年轻知识分子到基层去，到群众中去，到现代化建设的实践中去，经受锻炼，健康成长。

20 世纪 80 年代，我国初步形成有利于现代化建设的理论指导、舆论力量、价值观念、文化条件和社会环境，科技、教育、文艺、体育、卫生等工作出现蓬勃发展的局面。胡耀邦在此进程中表现出解放思想、开拓创新的胆略，表现出忘我工作的热情和勇往直前的干劲，赢得了广大知识分子的赞誉。

胡耀邦高度重视科学技术工作，强调科学技术在现代化建设中的重要作用。图为 1980 年 6 月 10 日，胡耀邦在人民大会堂举行的我国向太平洋海域成功发射运载火箭庆祝大会上发表热情洋溢的讲话。

1980 年 7 月 24 日，胡耀邦（中排左三）等中央书记处和国务院领导同志在中南海听著名科学家钱三强（站立者）作关于科学技术发展简况的讲座。

1981 年 7 月 1 日，胡耀邦（右一）热情问候出席中国共产党成立 60 周年庆祝大会的著名数学家华罗庚。

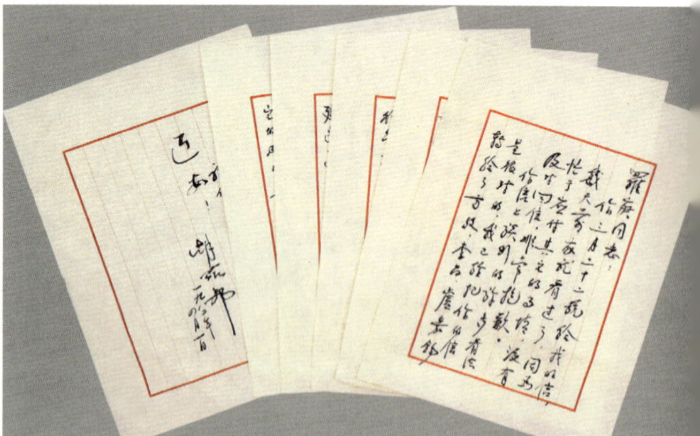

1982 年 4 月 1 日，胡耀邦复信华罗庚，希望更多的科技工作者投身到新技术和新工艺攻关的行列，齐心协力把我国的四个现代化推向前进。

1981 年 7 月 15 日，胡耀邦（右）在北京会见诺贝尔物理学奖获得者、美籍物理学家杨振宁。

1982 年 3 月 21 日，胡耀邦（右）在北京会见诺贝尔物理学奖获得者、美国哥伦比亚大学教授李政道（左）。

1982 年 2 月 15 日，胡耀邦（中）与方毅（右一）在北京会见诺贝尔物理学奖获得者、美国麻省理工学院教授丁肇中（左一）。

1983 年 12 月 22 日，胡耀邦（右）在中南海会见数学家、旅美学者丘成桐（左）。

1983 年 1 月 5 日，胡耀邦（左三）参观中国科学院科研成果展览交流会，观看我国研制的大型精密仪器分子束外延设备。

1984 年 4 月 4 日，胡耀邦（右二）在河南省平顶山市考察时，兴致勃勃地用工程师王永民（右一）研制的五笔字型汉字编码系统在计算机上打字。考察结束后，胡耀邦积极倡导中央机关办公自动化。

1985 年 1 月 13 日，胡耀邦在中南海会见出席科技体制改革座谈会的数十位著名科学家，就国内外形势和科技体制改革等问题与他们进行交流。

人民日报

RENMIN RIBAO

政协六届常委会第八次会议闭会

中共中央关于科学技术体制改革的决定

（一九八五年三月十三日）

内容提要

进一步完善继承法草案

胡耀邦主持制定《中共中央关于科学技术体制改革的决定》。图为 1985 年 3 月 20 日《人民日报》刊登的《中共中央关于科学技术体制改革的决定》。

1986 年 1 月 21 日，胡耀邦等在中南海会见为我国核工业发展作出贡献的 10 位科学家：姜圣阶、王淦昌、刘兴忠、闵耀中、黄齐陶、于敏、连培生、钱皋韵、吕得贤、孙祖训。第一排左起：郝建秀、方毅、姜圣阶、胡耀邦、杨尚昆、王淦昌、李鹏。

胡耀邦高度重视教育工作，注意发挥知识分子在现代化建设中的重要作用。图为 1984 年 2 月，胡耀邦（右一）在广东省梅县考察时与东山中学的老师们愉快交谈。

1985 年 5 月 19 日，胡耀邦（前排右二）与邓小平（前排右三）、彭真（前排右一）等出席全国教育工作会议。后排右起：姚依林、秦基伟、谷牧、乔石。

人民日报

RENMIN RIBAO

中共中央关于教育体制改革的决定

（一九八五年五月二十七日）

胡耀邦主持制定《中共中央关于教育体制改革的决定》。图为 1985 年 5 月 29 日《人民日报》刊登的《中共中央关于教育体制改革的决定》。

1985 年 8 月 11 日，国家教育委员会、中央直属机关党委和中央国家机关党委在人民大会堂举行欢送中央和国家机关培训中小学师资讲师团大会。图为胡耀邦（前排右一）发表题为《当代年轻知识分子的成长道路》的讲话。前排右二、右三分别为李鹏、王兆国。

胡耀邦非常重视精神文明建设。1986 年 9 月 28 日，党的十二届六中全会通过《中共中央关于社会主义精神文明建设指导方针的决议》，指出以马克思主义为指导的社会主义精神文明建设是社会主义社会的重要特征，社会主义精神文明建设是关系社会主义兴衰成败的大事。图为胡耀邦（右）与邓小平在十二届六中全会上。

《中共中央关于社会主义精神文明建设指导方针的决议》单行本。

胡耀邦以身作则，践行社会主义精神文明建设的要求。图为胡耀邦（右五）参加中南海星期六打扫卫生的活动。

胡耀邦十分关心文艺工作。图为1981年12月，胡耀邦在全国故事片电影创作会议上讲话。
右起：习仲勋、胡乔木、夏衍、胡耀邦、周巍峙、周扬。

1982年1月24日，胡耀邦（左）在中共中央、国务院举行的春节团拜会上与著名豫剧表演艺术家常香玉握手。

1984 年 11 月 29 日，胡耀邦（左）与著名作家夏衍（中）、翻译家梅益（右）在中南海交谈。

1984 年 12 月 29 日，胡耀邦（右）会见出席中国作家协会第四次会员代表大会的代表时与著名作家丁玲交谈。

1985 年 4 月，胡耀邦（右）在浙江杭州考察期间观看文艺演出并会见越剧、昆剧演员。

1986 年 9 月 10 日，胡耀邦在人民大会堂会见由美国不列颠百科全书公司董事长格温率领的代表团。图为格温（左）向胡耀邦（右）赠送百科全书。

1986 年 11 月 13 日，胡耀邦在人民大会堂会见出席中国作家协会第四届理事会第二次会议的全体代表。

1986 年 11 月 1 日，胡耀邦在人民大会堂会见参加全国哲学社会科学“七五”规划会议的全体专家学者。

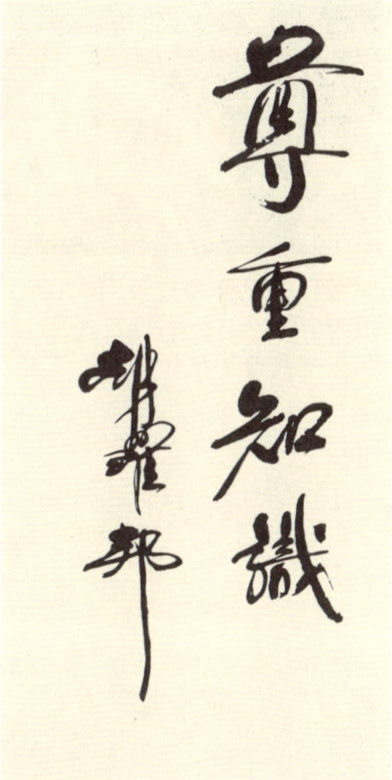

1989 年 1 月 6 日，胡耀邦为湖南长沙岳麓书院题词。这是胡耀邦生前最后一次题词。

胡耀邦重视新闻宣传工作在现代化建设和改革开放中的作用。
图为1983年11月23日，胡耀邦率中国共产党代表团出访日本，
临行前在首都机场举行记者招待会。

1986 年 5 月 6 日，胡耀邦在阅读《参考消息》。

胡耀邦关心体育事业的发展。1982 年 10 月 3 日，中共中央书记处邀请荣获第九届世界女子排球锦标赛冠军的中国女排到中南海做客。图为胡耀邦（前右一）与荣高棠（前右二）等同女排教练员、队员交谈。

1984 年 6 月 24 日，胡耀邦（右三）与邓小平（右二）、万里（左站立者）等在北京参加“运筹与健康”老同志桥牌邀请赛。

1984 年 9 月 30 日，胡耀邦（前左一）在人民大会堂国庆招待会上与国际奥委会主席萨马兰奇（前右）握手。

胡耀邦重视卫生和计划生育工作。图为 1985 年 10 月，胡耀邦（前左二）在甘肃省陇南市成县抛沙镇广化村了解卫生工作和人口政策问题。

第十二章

12

加强和改善党的领导

1915~1989

胡耀邦坚持推动新形势下党的建设，努力探索党和国家领导体制改革，为加强和改善党的领导，把党建设成为领导社会主义现代化事业的坚强核心，做了大量工作。他主持制定《关于党内政治生活的若干准则》，强调要发扬党的优良传统，维护党的民主集中制和集体领导原则，严明党的纪律，发展党内民主。1983 年 10 月，他兼任中央整党工作指导委员会主任，主持制定《中共中央关于整党的决定》，为在新的历史条件下搞好党的自身建设进行了有益探索。

胡耀邦致力于加强党的组织建设，大力推进各级领导班子建设和干部人事制度改革，主张废除领导干部职务终身制。他坚持干部队伍“革命化、年轻化、知识化、专业化”方针，满腔热情地关怀和培养优秀年轻干部，强调建立离退休制度，妥善安排好老干部的工作和生活，推动中央到地方各级领导干部的新老交替，为党的肌体注入新鲜活力。

胡耀邦坚定地推进党的思想、作风、纪律建设。他在中共中央召开的纪念马克思逝世 100 周年大会上作题为《马克思主义伟大真理的光芒照耀我们前进》的报告，充分表达了我们党在新的历史条件下坚持和发展马克思主义的坚定信念。他十分重视党的思想建设和宣传教育工作，号召广大党员干部学习理论知识，学习老一辈革命家的优秀品质，更好地掌握马列主义、毛泽东思想。他坚定不移地与不正之风和腐败现象作斗争，要求各级领导干部和中央机关在端正党风、遵守党纪方面发挥表率作用。他以身作则，廉洁奉公，密切联系群众，坚决维护党和人民的利益，为全党树立了共产党人始终实践全心全意为人民服务宗旨的榜样。

人民日报

RENMIN RIBAO

关于党内政治生活的若干准则

（中国共产党第十一届中央委员会第五次全体会议通过）

胡耀邦重视发扬党的优良传统，维护党的民主集中制和集体领导原则。1980年2月，党的十一届五中全会通过由胡耀邦主持制定的《关于党内政治生活的若干准则》。图为3月15日《人民日报》刊载的《准则》影印件。

党的十一届五中全会决定恢复设立中央书记处，作为中央政治局及其常委会领导下的经常工作机构。图为1982年3月8日，胡耀邦和其他中央书记处成员合影。左起：习仲勋、方毅、谷牧、杨得志、胡耀邦、万里、姚依林、余秋里、王任重。

1982 年 9 月 10 日，胡耀邦（左一）在党的十二大上投票选举。

1982年9月12日至13日，党的十二届一中全会在北京召开，胡耀邦当选为中央政治局常委、中央委员会总书记。图为胡耀邦在会上发表讲话。右起：胡耀邦、叶剑英、邓小平、李先念、徐向前。

十二届一中全会期间，胡耀邦（左四）与叶剑英、邓小平、李先念、陈云、聂荣臻、彭真、薄一波、习仲勋等在休息室里交谈。

1983年10月11日至12日，党的十二届二中全会召开，通过《中共中央关于整党的决定》，提出用3年时间分期分批对党的作风和党的组织进行一次全面整顿。会议选举产生以胡耀邦为主任的中央整党工作指导委员会。图为10月12日，胡耀邦在全会上讲话。

1983 年 10 月 26 日，胡耀邦（右排左三）在中共中央召开的党外人士座谈会上讲话，希望各民主党派和无党派人士群策群力，帮助中国共产党把整党搞好。

1985 年 3 月 5 日，胡耀邦（主席台前排右六）等出席第二期整党工作会议。

胡耀邦重视党的组织建设。图为 1983 年 7 月 14 日，胡耀邦等同参加全国宣传工作会议和组织工作座谈会的人员合影。前排左三为曾志，左五起分别为陈野苹、习仲勋、胡耀邦、宋任穷、邓力群等。

1986年12月2日，胡耀邦（左一）与邓小平（左三）、习仲勋（左二）在人民大会堂会见出席全国先进党支部和优秀共产党员事迹经验交流会议的代表。

胡耀邦坚持党的干部队伍“四化”方针，满腔热情地关怀和培养优秀年轻干部。图为 1982 年 7 月，胡耀邦（右四）到第二汽车制造厂考察时与该厂党委书记、副厂长王兆国（右一）亲切交谈。

1985 年 11 月 30 日，胡耀邦（前排右一）向新当选的共青团中央书记处第一书记宋德福（前排左一）等表示祝贺。

1986年2月，胡耀邦考察贵州与当地农民交谈，贵州省委书记胡锦涛陪同。

胡耀邦重视解决中央领导机构的新老交替问题，同时强调妥善安排好老干部的工作和生活。1983 年 10 月，中共中央顾问委员会第二次全体会议在北京召开。图为胡耀邦（前右二）出席会议并讲话。前右一为中央顾问委员会常务副主任薄一波。

1985 年 9 月 16 日，党的十二届四中全会在北京召开，同意一批老同志不再担任中央委员会、中央顾问委员会和中央纪律检查委员会委员的请求。图为胡耀邦（左三）与李先念（左二）、徐向前（左一）、乌兰夫（右一）、邓颖超（后排右一）在休息室里交谈。

1985 年 9 月 18 日至 23 日，中国共产党全国代表会议在北京举行，对中央委员会、中央顾问委员会、中央纪律检查委员会的成员进行调整。图为 9 月 23 日，胡耀邦（前右一）会见不再担任中央顾问委员会委员的部分老同志时，同李井泉握手。

1985年9月24日，党的十二届五中全会在北京召开，对中央政治局和中央书记处成员进行调整，进一步实现了中央领导机构成员的新老交替。图为胡耀邦（右二）与邓小平（右一）、李先念（左一）在投票。

胡耀邦坚定地推进党的思想、作风、纪律建设。1983 年 3 月 13 日，党中央在人民大会堂举行大会，隆重纪念马克思逝世 100 周年。图为胡耀邦在会上作题为《马克思主义伟大真理的光芒照耀我们前进》的报告，充分表达中国共产党在新的历史条件下坚持和发展马克思主义的坚定信念。

1984 年 12 月 2 日，胡耀邦在全国宣传部长会议上作题为《如何把部门工作做得更好些》的讲话。图为胡耀邦（右站立者）同参加会议的代表座谈。二排右一为邓力群。

胡耀邦以身作则，坚持理论联系实际，孜孜不倦地学习和运用马克思主义。图为 1985 年 12 月 28 日，胡耀邦在飞往浙江省途中抓紧时间学习。

在长期的革命实践中，胡耀邦持之以恒地攻读马列原著。图为他的读书笔记。

胡耀邦强调要发扬党的优良传统和作风。1983 年 10 月 29 日，李大钊烈士陵园落成典礼在北京香山万安公墓隆重举行。图为胡耀邦等出席落成典礼。前排右起：薄一波、胡耀邦、彭真、万里、王震、杨尚昆、宋任穷、胡乔木、邓力群。

1983 年 12 月 26 日，在毛泽东诞辰 90 周年之际，党和国家领导人前往毛主席纪念堂，瞻仰毛泽东遗容并参观毛泽东、周恩来、刘少奇、朱德革命业绩纪念室，缅怀老一辈革命家的丰功伟绩。图为邓小平、李先念、胡耀邦（从右至左）参观毛泽东革命业绩纪念室。

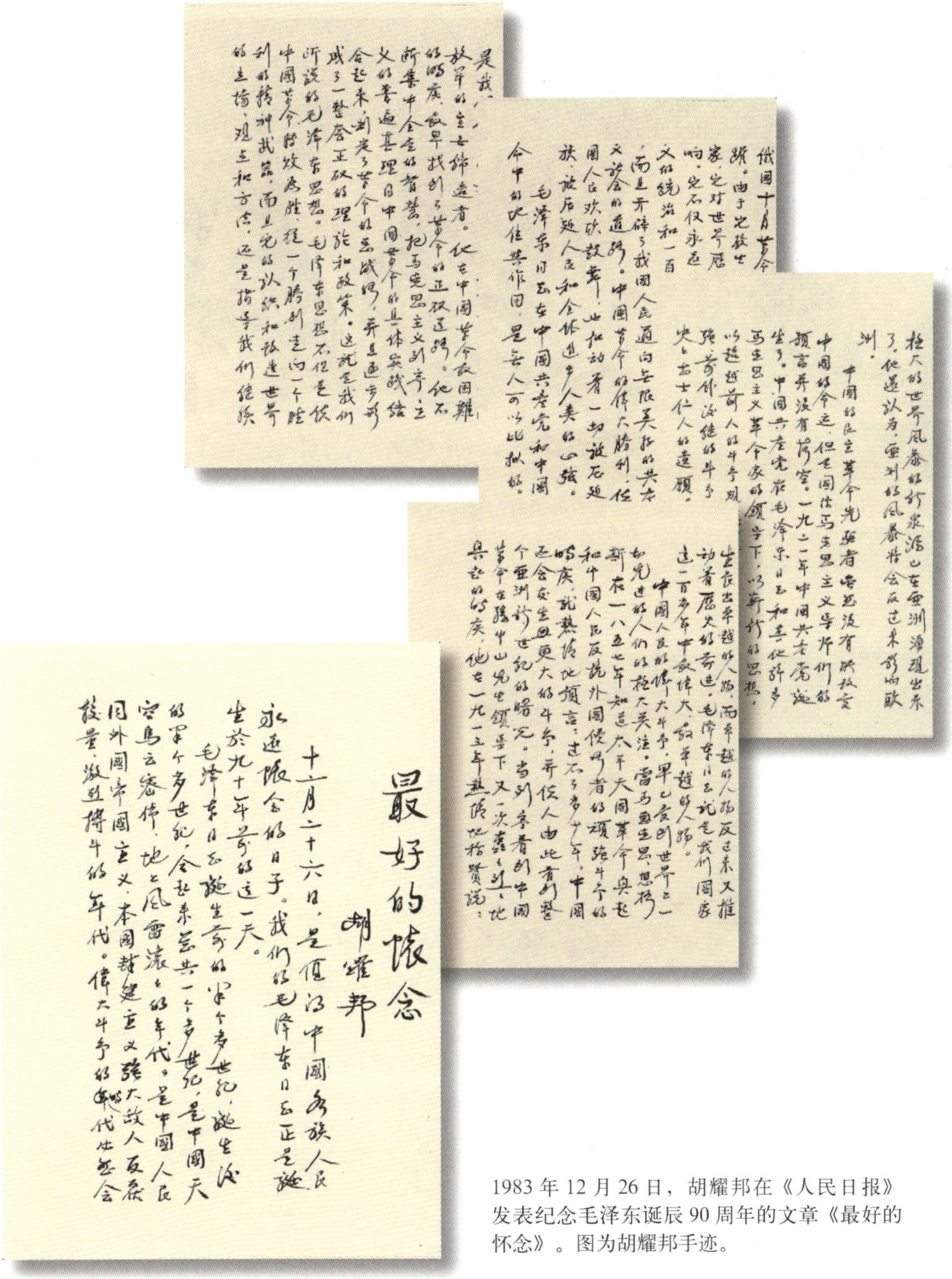

最好的怀念

胡耀邦

十二月二十六日，是值得中国各族人民永远怀念的日子。我们的毛泽东同志正是诞生于九十年前的这一天。

毛泽东同志诞生前的半个多世纪，诞生后的半个多世纪，合起来差不多一个多世纪，是中国天空乌云密布，地上风雷滚滚的年代，是中国人民同外国帝国主义、本国封建主义强大敌人反复较量、激烈搏斗的年代。伟大斗争的年代也会

1983 年 12 月 26 日，胡耀邦在《人民日报》发表纪念毛泽东诞辰 90 周年的文章《最好的怀念》。图为胡耀邦手迹。

1986 年 12 月 1 日，首都各界在人民大会堂隆重集会，纪念朱德诞辰 100 周年。图为胡耀邦（右一）在纪念大会上讲话。右二为彭真，右三为朱德夫人康克清。

胡耀邦强调全党要坚定不移地同不正之风和腐败现象作斗争。图为 1983 年 10 月 26 日，胡耀邦在北京京西宾馆向出席中央纪律检查委员会第三次全体会议的委员讲话。

1985年7月15日，胡耀邦在中央党校学员毕业典礼上作题为《形势、理想、纪律和作风》的讲话。他指出：一个党、一个民族、一个国家，没有坚强的纪律不行；一定要把党风、党纪搞好。

1986年1月9日，胡耀邦在中央机关干部大会上作题为《中央机关要做全国的表率》的讲话，号召中央机关的全体党员干部在端正党风方面做全国的表率。

胡耀邦重视调查研究，模范贯彻党的群众路线。图为 1982 年 7 月 23 日，胡耀邦在内蒙古自治区昭乌达盟元宝山煤矿考察。

胡耀邦作风民主，平易近人。图为 1980 年 10 月，胡耀邦（前排右三）在云南省保山地区考察期间，与保山地委书记杨善洲（前排右二）等合影。前排左一为昆明军区司令员张铚秀，前排左二为云南省委书记安平生。

胡耀邦指出，中国正在进行现代化建设的新长征，人们依然可以从红军的长征中吸取勇气、力量和智慧。图为 1985 年 9 月 27 日，胡耀邦（前排左二）沿当年长征路线考察时，健步走在红军勇士浴血奋战过的泸定桥上。

第十三章

13

外交舞台显风采

1915~1989

党的十一届三中全会以后，胡耀邦作为党中央第二代领导集体的重要成员，参与制定和实施独立自主的和平外交政策，为我国对外政策的重大调整、为争取有利于我国现代化建设的国际和平环境作出了不懈努力。他多次出国访问，经常接待来访的世界各国领导人，广泛会见世界各国对华友好团体和友好人士，增进了中国人民同世界各国人民的相互了解和友谊。他重视中美关系的稳定发展，提倡加强两国之间的政治磋商与经贸合作。他出访西欧与大洋洲的多个国家，广泛宣传中国，加深相互了解，大力促进双边经济技术交流，建立长期稳定的友好合作关系。他积极推进中日友好，放眼未来，热情鼓励两国青年加强交流。他为恢复与发展同中东欧国家、广大亚非拉国家的传统友谊，发挥了积极作用。

为发展中国共产党同外国政党的关系，胡耀邦在党的十二大报告中明确提出以“独立自主、完全平等、互相尊重、互不干涉内部事务”作为处理党际关系的四项原则，得到各国共产党、工人党的赞赏和认可，后来成为中国共产党同世界各国政党发展关系的普遍原则。他勇于突破党际交往的条条框框，强调扩大同发展中国家的民族主义政党以及发达资本主义国家社会党的交往，提出“超越意识形态的差异，谋求相互了解和合作”的务实思想，为中国共产党赢得越来越多的朋友。

胡耀邦在对外交往中展现出远大的战略眼光和独特的外交风格，在国际上赢得良好的声誉，为推动新时期我国外交工作开创新局面作出重要贡献。

发展中美关系是我国进入新时期以来外交工作的一个重要方面。图为 1984 年 4 月 27 日，胡耀邦（前右）在人民大会堂会见来访的美国总统罗纳德·里根（前左）。里根是中美两国自 1979 年建交以来访问中国的第一位在职的美国总统。胡耀邦在会谈中指出，中国奉行的独立自主的外交政策长期不变。

1985 年 11 月 10 日，胡耀邦（右一）在中南海会见美国前国务卿亨利·基辛格（左一）。

胡耀邦为发展和平友好、平等互利、相互信赖、长期稳定的中日关系作出积极贡献。1983 年 11 月 23 日至 30 日，胡耀邦应邀对日本进行友好访问。图为胡耀邦在日本国会发表演讲。

1986 年 11 月，日本首相中曾根康弘应邀访问中国，专程参加在北京举行的中日青年交流中心奠基典礼。图为胡耀邦（前右）和中曾根康弘（前左）为基石培土。

胡耀邦积极推动我国与发达国家展开经济技术交流，建立长期稳定的友好合作关系。图为 1986 年 10 月 14 日，胡耀邦（前右）陪同来华访问的英国女王伊丽莎白二世（前左）参观中南海。

1986年6月8日至23日，胡耀邦先后对英国、联邦德国、法国和意大利进行正式访问。图为胡耀邦（前排左二）和英国首相撒切尔夫人（前排左三）在伦敦唐宁街首相府出席《关于设立中英友好奖学金谅解备忘录》签字仪式。前排左一为李鹏，前排左四为包玉刚。

1986年6月12日，胡耀邦（左）在联邦德国访问期间与联邦德国总理科尔会谈。

1986 年 6 月 16 日，胡耀邦（右三）和法国总统密特朗（右一）在巴黎爱丽舍宫会谈。左一为李鹏。

1986年6月22日，胡耀邦（前排右二）在意大利威尼斯访问时，向当地彩船队挥手致意。

1985 年 4 月 13 日至 24 日，胡耀邦应邀出访澳大利亚、新西兰等 5 国。图为澳大利亚总理罗伯特·霍克在堪培拉议会大厦前广场举行仪式欢迎胡耀邦（左）。

1985 年 4 月 20 日，胡耀邦（左）在新西兰奥克兰市附近的霍亚尼·威提提毛利人会堂举行的欢迎仪式上，和当地毛利族人行传统的碰鼻礼。

胡耀邦积极推进与中东欧国家、广大亚非拉国家和平共处，为我国现代化建设创造良好的国际环境。图为1981年10月9日，胡耀邦（前右）在北京会见巴勒斯坦解放组织执行委员会主席、巴勒斯坦革命武装力量总司令亚西尔·阿拉法特。

1982年4月，胡耀邦访问朝鲜。图为胡耀邦（前左三）与朝鲜劳动党中央委员会总书记、朝鲜民主主义人民共和国主席金日成（前右三）一同参观平壤大安重型机械厂。

1982 年 10 月 19 日，胡耀邦（左）在钓鱼台国宾馆会见巴基斯坦总统齐亚·哈克。

1982 年 11 月 19 日，胡耀邦（右）在中南海会见泰国总理炳·廷素拉暖（左）。

1983 年 5 月 5 日至 15 日，胡耀邦应邀访问罗马尼亚和南斯拉夫。
图为胡耀邦在罗马尼亚布拉索夫市举行的欢迎大会上讲话。

1983 年 5 月 10 日，胡耀邦（右排右三）在南斯拉夫贝尔格莱德同南共联盟中央主席团主席米·里比契奇（左排左三）举行正式会谈。右排右一为乔石，右排右四为秦基伟。

1983 年 12 月 17 日，胡耀邦（左）在中南海会见民主柬埔寨主席诺罗敦·西哈努克亲王。

1984 年 5 月 28 日，胡耀邦（右）在中南海会见巴西联邦共和国总统菲格雷多。

1984 年 11 月 1 日，胡耀邦（右）在江苏省徐州市会见并宴请缅甸联邦社会主义共和国总统吴山友（中）。

1985 年 8 月 21 日，胡耀邦（左）在中南海会见坦桑尼亚联合共和国总统尼雷尔（右）。

1985 年 8 月 27 日，胡耀邦（前左）在中南海会见津巴布韦非洲民族联盟主席、政府总理罗伯特·穆加贝（前右）。

1985 年 11 月 22 日，胡耀邦（右一）在中南海会见马来西亚总理马哈蒂尔（左一）。

胡耀邦提出中国共产党愿按照“独立自主、完全平等、互相尊重、互不干涉内部事务”的原则，发展同各国共产党和其他工人阶级政党的关系。1980 年 4 月，意大利共产党总书记恩里科·贝林格应邀率意共中央代表团访华，中断 15 年的两党关系恢复。图为 4 月 14 日，胡耀邦（前右）在北京会见贝林格（前左）。

1980 年 11 月 10 日，胡耀邦（右）在北京会见西班牙共产党总书记卡里略。

1982年10月15日，胡耀邦（左排左三）在北京同法国共产党总书记乔治·马歇（右排右二）举行会谈。双方决定正式恢复自1965年以来中断的两党关系。

1983年4月24日，胡耀邦（右三）在人民大会堂举行宴会，欢迎印度共产党（马克思主义）总书记南布迪里巴德（右四）率领的中央代表团。双方一致同意恢复和发展自1967年以来中断的两党关系。右一为胡启立。

1983年11月6日，胡耀邦（右二）在中南海会见澳大利亚共产党（马列）主席爱·弗·希尔（左二）。右一为乔石。

胡耀邦积极推动中国共产党与外国社会党、民族主义政党及其他政党的交往。1984 年 5 月 28 日，胡耀邦（前右）在钓鱼台国宾馆会见联邦德国社会民主党主席勃兰特（前左）。胡耀邦提出，在新的历史条件下，应超越意识形态的差异，谋求相互了解和合作。

1985 年 11 月 9 日，胡耀邦（右一）在中南海会见瑞典社会民主党中央书记布·托勒松（左一）。

胡耀邦广泛会见各国民间友好人士，促进我国同世界各国人民的相互了解和友谊。图为1982年3月26日，胡耀邦（左）在北京探望中国人民的老朋友路易·艾黎。

1984年10月3日，胡耀邦（右）在中南海会见英国著名作家韩素音。

1985 年 6 月 6 日，胡耀邦在人民大会堂举行宴会，招待参加“维护世界和平座谈会”的各国和平人士。图为宴会前胡耀邦（右二）同客人握手。右一为万里。

1985 年 10 月 19 日，胡耀邦到北京协和医院看望中国人民的老朋友、全印柯棣华大夫纪念委员会主席比・库・巴苏大夫（中）。图为胡耀邦（右）同巴苏夫妇合影留念。

1985 年 11 月 23 日，中国人民对外友好协会在人民大会堂举行会议，纪念美国友人安娜・路易斯・斯特朗诞辰 100 周年、艾格妮丝・史沫特莱诞辰 93 周年、埃德加・斯诺诞辰 80 周年。图为会议主席台。左起：王炳南、尤妮塔・布莱克威尔、黄华、胡愈之、胡耀邦、康克清、爱泼斯坦、特雷西・斯特朗。

1986 年 11 月 8 日，胡耀邦（右一）在中南海会见由加拿大环境部园林署安大略地区署长詹姆斯・克里斯塔克斯（左一）率领的加拿大白求恩纪念馆代表团和白求恩大夫的亲属。

第十四章

14 深情藏沃土

1915—1989

胡耀邦忠于党、忠于国家、忠于人民。他把自己的毕生精力献给了党和人民的事业。他对家乡、对亲人、对朋友、对人民群众，有着广博、深沉的大爱，有着丰富、深厚的情谊。

胡耀邦孝敬父母，疼爱妻儿。他严格要求家人，绝不允许他们以权谋私。在子女眼里，他既是慈父，也是良师。他留给子女的精神力量和激励作用是长远的。

胡耀邦时时记挂着家乡浏阳的发展，但从不对家乡予以特殊照顾。他在家乡的亲属都是普通农民。他说：我不是家乡的总书记，不能为家乡谋特殊利益。

胡耀邦对待革命战友，光明磊落，胸怀坦荡，严于律己，宽以待人。他的热烈和激情经常感染身边的每一个人。他与苏区时期同为“红小鬼”的谭启龙交往半个多世纪，成为革命队伍里的莫逆之交。

胡耀邦作风民主，平易近人，广交朋友，了解他们的愿望和要求，从中汲取政治智慧和营养。他与原川北行署副主任、中国国民党革命委员会原副主席裴昌会的交往持续30多年。裴昌会称胡耀邦为自己的“引路人和挚友”。著名社会学家、中国共产党的亲密朋友费孝通称胡耀邦给了他“第二次生命”。

胡耀邦坚持“心在人民”、“利归天下”，始终心系国家前途命运。他具有强烈的事业心和责任感，希望共产党员要时时刻刻为人民着想，为民富国强殚精竭力。他以身作则，多次长途跋涉，深入基层，体察国情、民情。老少边穷地区、祖国边陲和海防前哨留下了他不知疲倦的身影。

“政声人去后，民意闲谈中。”胡耀邦树立了共产党人实践全心全意为人民服务宗旨的榜样，树立了共产党人始终为中国特色社会主义事业和共产主义理想不懈奋斗的楷模。他的历史功绩和优秀品德永远铭记在党和人民心中。

1941 年，胡耀邦与李昭结婚。历经近半个世纪的风雨，他们始终互敬互爱，相知相伴。图为胡耀邦与李昭 1948 年在石家庄合影。

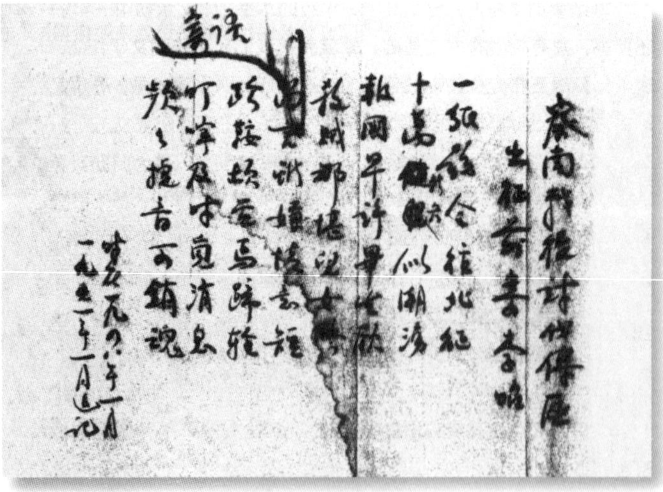

1948 年 3 月 6 日，胡耀邦参加察南绥东战役前夕，给李昭写了一首七言诗作为临别赠言，表达出征前的情怀。1951 年 1 月，胡耀邦回忆往事，重新写下这首诗。

1952年，胡耀邦一家三代在南充合影。前左一为胡耀邦父亲胡祖伦，前左二为胡耀邦母亲刘明伦（怀抱者为李恒），前右一为胡耀邦岳母高慧兰；中左为胡德平，中右为胡德华；后左为胡耀邦，后右为李昭。

新中国成立初期，胡耀邦一家人合影。前左起：李昭、李恒、胡耀邦、胡德平；后为胡德华。

1970 年，胡耀邦、高慧兰、李昭（前排右起）及全家合影。后排右起：胡德平、刘湖、胡德华、李恒。

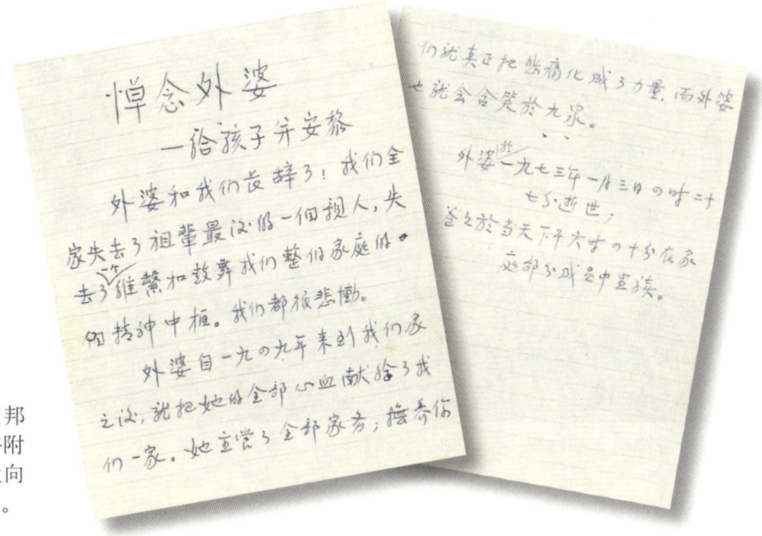

悼念外婆
——给孩子并安黎

外婆和我们长辞了！我们全家失去了祖辈最后的一个亲人，失去了一个维系和鼓舞我们整个家庭的的精神中枢。我们都很悲恸。

外婆自一九〇九年来到我们家之后，就把她的全部心血献给了我们一家。她主管了全部家务；撫养你们

们就真正把悲痛化成了力量，而外婆也就会含笑于九泉。

外婆于一九七三年一月三日四时二十七分逝世；

爸爸于当天下午六时四十分在家庭会议上宣读。

1973 年 1 月，岳母去世后，胡耀邦写信给在外地当兵的女儿李恒，并附上《悼念外婆》一文，鼓励她奋发向上，认为这是纪念外婆最好的方式。

“文化大革命”后期，胡耀邦（右）和李昭合影。

1982 年春节，胡耀邦、李昭和孙辈们合影。

祖孙情深。

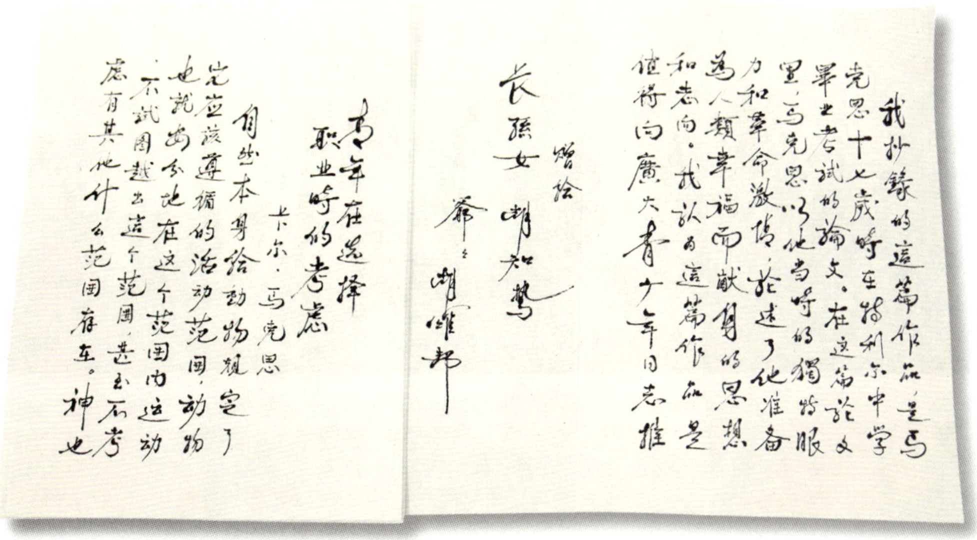

我抄録的這篇作品，是馬克思十七歲時在特利尔中学畢业考試的論文。在這篇論文里，马克思以他当时的獨特眼力和革命激情，論述了他准备為人類幸福而献身的思想和志向。我認为這篇作品是值得向廣大青少年同志推

贈給
長孫女 胡知鹭
爺々 胡耀邦

青年在选择职业时的考虑
卡尔·马克思

自然本身给动物规定了它应该遵循的活动范围，动物也就安分地在这个范围内运动，不试图越出这个范围，甚至不考虑有其他什么范围存在。神也

胡耀邦为长孙女胡知鹭抄写的马克思的《青年在选择职业时的考虑》。

全家福。

1984 年夏天，胡耀邦一家三代人在一起看电视，并随着电视中的节目唱起了流行歌曲《我的中国心》。

1986 年 5 月，在繁忙的工作之余，胡耀邦（左二）同夫人李昭（右一）领着孙儿女们游园。

胡耀邦与兄长胡耀福（后排左三）有很深的手足之情。胡耀福全家都在家乡务农。图为胡耀福全家照。

杨勇是胡耀邦的姨表兄。两人同在里仁学校、浏阳县立初级中学读书，一起参加革命工作，共同成长。图为胡耀邦（右）与杨勇在延安。

1964 年 3 月，胡耀邦回到阔别 30 多年的家乡浏阳。图为胡耀邦（二排左五）与浏阳花鼓剧团演员合影。

1982 年 7 月，胡耀邦（左二）和当年在浏阳上中学时的老师喻科盈（右二）在中南海。

胡耀邦光明磊落，胸怀坦荡，严于律己，宽以待人，同大批党外内干部保持了深厚的革命友谊。图为1980年1月，胡耀邦、叶剑英、习仲勋、杨尚昆（从右至左）在广州。

1987年11月1日，胡耀邦（左）、邓颖超在党的十三大主席台上。

1980 年 4 月 15 日，胡耀邦（左）与华国锋在人民大会堂交谈。

1981年6月12日，胡耀邦（右一）与万里（左二）在一起。

1987 年 10 月 25 日，党的十三大期间，胡耀邦（左）与聂荣臻在大会休息室里。

1982 年 11 月 7 日，胡耀邦（左）与谷牧在福建省连江县晓沃公社考察。

1985 年 9 月 22 日，胡耀邦（右）与胡启立在党的全国代表会议期间交谈。

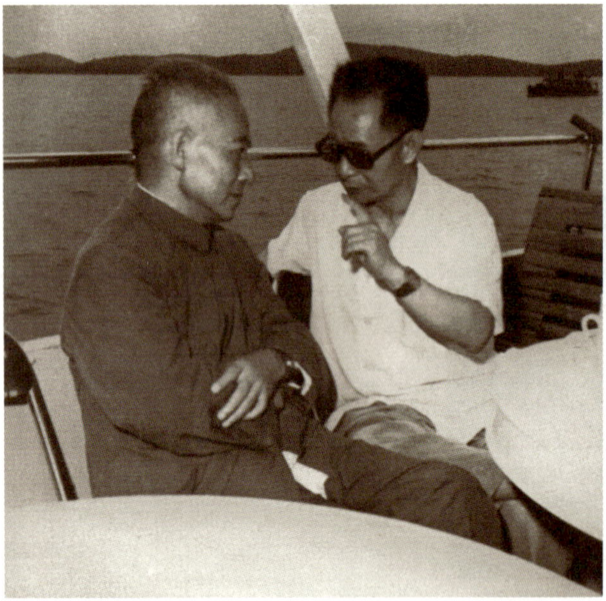

1981 年，胡耀邦（右）与陈丕显在湖北武汉。

1986 年 4 月 26 日，胡耀邦（左）在北京同王首道交谈。

1981 年 7 月 1 日，在庆祝中国共产党成立60周年时，胡耀邦（左）与张爱萍交谈。

1981 年 9 月 12 日，胡耀邦（左）与冯文彬参加中直机关星期六劳动。

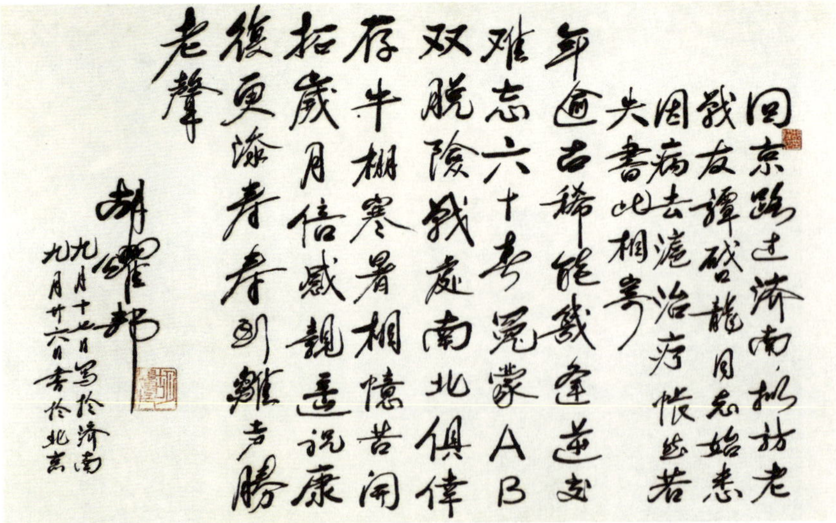

胡耀邦和谭启龙都是革命队伍里的“红小鬼”。他们两人的革命友谊持续近 60 年，成为终身朋友。上图为 1986 年 9 月 27 日，胡耀邦（右）与谭启龙在江苏无锡交谈；下图为 1988 年胡耀邦到山东济南探望谭启龙未遇，作诗相赠。

1982 年 11 月，胡耀邦（右）在福建省考察期间同福建省委第一书记项南交谈。

1984 年 5 月，胡耀邦（左一）在广东省考察期间同广东省委第一书记任仲夷（右二）交谈。右三为广东省省长梁灵光。

1983 年 5 月，胡耀邦（左）在北京玉泉山同任弼时夫人陈琮英交谈。

1988 年夏，胡耀邦（右一）与民盟中央主席费孝通（左一）、副主席钱伟长（左二）互致问候。

1988 年 11 月 19 日，胡耀邦（左一）在湖南湘潭看望昔日的老同事。

胡耀邦一生践行全心全意为人民服务的宗旨，赢得了全国各族人民的拥护和爱戴。图为胡耀邦（一排左二）与农民朋友在一起。

1982年5月1日，胡耀邦（一排左四）在天津新港考察期间，同坚持节日生产的工人交谈。

1984 年 2 月 9 日，胡耀邦亲切会见南京市小红花艺术团的小演员。

1985年9月，胡耀邦（二排中）在四川省阿坝藏族羌族自治州考察时，和少数民族同胞一起拉唱各民族团结友爱的乐章。

1985 年 12 月 31 日，胡耀邦（右六）视察西沙群岛期间到珊瑚岛守岛部队营房看望干部战士。右五为刘华清。

1986 年 8 月 15 日，胡耀邦在人民大会堂接见 1985 届讲师团先进集体和先进个人代表。

1989 年 4 月，胡耀邦在家中。

1989 年 4 月 15 日晨 7 时 53 分，胡耀邦在北京逝世，享年 73 岁。

人民日报

RENMIN RIBAO

第14890期（代号1—1）

人民日报社出版

1989年4月
16
星期日
己巳年三月十一
北京地区天气预报
白天 晴间多云
风向 偏北
风力 二、三级
夜间 晴
风向 偏北
风力 一、二级
温度 最高 20℃
最低 8℃

中国共产党中央委员会沉痛宣告

胡耀邦同志逝世

胡耀邦同志是久经考验的忠诚的共产主义战士，伟大的无产阶级革命家、政治家，我军杰出的政治工作者，长期担任党的重要领导职务的卓越领导人，一生为党和人民立下了不朽的功勋。胡耀邦同志的逝世，是我党和我国人民的巨大损失

新华社北京4月16日电　中国共产党中央委员会讣告

中国共产党中央委员会沉痛宣告：久经考验的忠诚的共产主义战士，伟大的无产阶级革命家、政治家，我军杰出的政治工作者，长期担任党的重要领导职务的卓越领导人胡耀邦同志，1989年4月8日在出席中央政治局会议时，突发大面积急性心肌梗塞，经全力治疗，未能挽救，于1989年4月15日晨7时53分逝世，享年73岁。

胡耀邦同志的一生是光辉的一生，为党和人民立下了不朽的功勋。他在青少年时期就投身于中国共产党领导的土地革命，参加了著名的二万五千里长征。1939年至1945年任中央军委总政治部组织部长。1946年至1949年任冀热辽军区代理政治部主任，中国人民解放军第三、第四纵队政治委员，18兵团政治部主任。建国后，他历任中共川北区党委书记兼行署主任，青年团中央第一书记，中共陕西省委第一书记，中共西北局第二书记。在“文化大革命”期间，他不顾个人安危，同林彪、江青反革命集团进行了不懈的斗争。1978年他担任中共中央组织部长，为拨乱反正、平反冤假错案、落实干部政策做了大量的工作，表现出非凡的实事求是的胆略和勇气，立下了不可磨灭的功绩。在社会主义建设新的历史时期，他坚持党的十一届三中全会以来的路线，为推进现代化建设和改革开放做出了重大的贡献。

胡耀邦同志是中国共产党第八、十一、十二、十三届中央委员会委员。他曾担任过中央党校副校长、中央纪律检查委员会第三书记、中央秘书长兼宣传部长。他在十一届三中全会上被增选为中央政治局委员，在十一届六中全会上被选为中央委员会主席。他是十二届中央政治局委员、常委，1982年9月至1987年1月担任中央委员会总书记。他是十三届中央政治局委员。

胡耀邦同志的逝世，是我党和我国人民的巨大损失。我们要化悲痛为力量，学习他忠诚党的事业、鞠躬尽瘁、为共产主义奋斗的献身精神；学习他密切联系群众，全心全意为人民服务的优良作风；学习他谦虚好学、顾全大局、艰苦朴素的高贵品德，在党中央的领导下，沿着建设有中国特色的社会主义道路继续前进。

伟大的无产阶级革命家、政治家胡耀邦同志永垂不朽！

1989年4月16日，《人民日报》发表中国共产党中央委员会讣告，沉痛宣告胡耀邦逝世。

1989 年 4 月 22 日，胡耀邦追悼大会在人民大会堂中央大厅隆重举行。
图为邓小平（右一）向胡耀邦夫人李昭表示深切慰问。

首都各界群众伫立在长安街旁，目送胡耀邦灵车经过。

经中央批准，1990 年 12 月 5 日，胡耀邦的骨灰安放在江西共青城的青山翠林中。图为位于共青城富华山的胡耀邦墓碑。

胡耀邦同志
生平

昔日寸草不生的荒山野岭，经过几代共青人和共青团员、国际友人几十年如一日的义务劳动、植树造林，如今已变成郁郁葱葱的森林公园。

富华山与远处的鄱阳湖山水一色。

1915—

大事年表

1989

1915 年
11 月 20 日，出生于湖南省浏阳县苍坊村。

1920 年（5 岁）
入胡氏私塾“种桃书屋”读书。

1922 年（7 岁）
入胡氏族学兴文小学读书。

1926 年（11 岁）
春，入浏阳县文家市里仁学校高小部读书。

1927 年（12 岁）
9 月，在里仁学校操场上第一次见到毛泽东。

1929 年（14 岁）
夏，入浏阳县立初级中学读书。
冬，秘密加入中国共产主义青年团。

1930 年（15 岁）
下半年，回乡任少年先锋队队长兼儿童团团长，参与创办少共列宁学校。
11 月，选调到中共湘东特委儿童局工作，离开家乡前往江西省莲花县花塘村。

1931 年（16 岁）
2 月，任少共湘东南特委技术书记。

1932 年（17 岁）
5 月，调到湘赣省委做儿童工作。
夏，到湘东做扩红宣传工作。

1933 年（18 岁）
5 月，到中央苏区儿童局工作。
8 月，任中央苏区反帝拥苏总同盟宣传部部长兼青年部部长。
9 月，转为中国共产党党员，后任少共中央局儿童局秘书长。

1934 年（19 岁）
10 月，随中央红军长征。

1935 年（20 岁）
初，任红三军团第五师第十三团党总支书记。
10 月，到达陕北吴起镇，任少共中央局秘书长。

1936 年（21 岁）

2 月，随红一方面军东征，率工作团在吕梁山区的石楼县开展宣传、扩红和筹粮工作。

6 月后，任少共中央局组织部副部长、部长，宣传部部长。

1937 年（22 岁）

5 月，进入延安中国人民抗日军政大学学习，任第一队党支部书记。

8 月，任抗大政治部副主任。

10 月，任中央军委总政治部组织部副部长（后任部长）。根据毛泽东的指示创办抗大校刊《思想战线》。

1938 年（23 岁）

4 月，任抗大第一大队政治委员。

1939 年（24 岁）

年初，任中央青年工作委员会委员。

5 月，在《八路军军政杂志》第 5 期上发表《目前八路军部队中建设党的几个问题》。

1940 年（25 岁）

兼任中央军委直属机关政治部主任。

1941 年（26 岁）

11 月，同李昭结婚。

12 月，任中共中央党校管理委员会委员。

1942 年（27 岁）

春，参加整风运动。

6 月，任军委总部军直系统整风领导小组成员。

1943 年（28 岁）

下半年，领导军委一局的审干、反奸工作，抵制“抢救失足者运动”。

1945 年（30 岁）

4 月至 6 月，出席中国共产党第七次全国代表大会。

10 月，率东北先遣队东进。

1946 年（31 岁）

1 月，代理冀热辽军区政治部主任。

7 月至 12 月，率部参加大同集宁战役、张家口保卫战、易（县）满（城）战役。

8 月，任晋察冀野战军第四纵队政治委员。

1947 年（32 岁）

1 月，率部参加保（定）南战役。

4 月至 5 月，率部参加正太战役。

6 月，任晋察冀野战军第三纵队政治委员，率部参加青（县）沧（县）战役、保（定）北战役。

9 月至 12 月，率部参加大清河北战役、清风店战役、石家庄战役、涞水战役。

1948 年（33 岁）

3 月至 4 月，率部参加察南绥东战役。

9 月，任华北军区第一兵团政治部主任。

10 月至 12 月，参加指挥太原战役外围战。

1949 年（34 岁）

1 月至 4 月，参加指挥太原战役，与徐向前、周士第等组成太原战役总前委。

2 月，任中国人民解放军第十八兵团（后划归第一野战军建制）政治部主任。

4 月，当选为中国新民主主义青年团第一届中央委员会委员。

7 月，参加指挥扶（风）眉（县）战役、宝鸡战役。

9 月，出席中国人民政治协商会议第一届全体会议。

10 月，参加开国大典。

11 月，率部南下四川。

12 月，任中共川北区临时工委书记。

1950 年（35 岁）

2 月，抵达南充市。任川北区委第一书记、川北行署主任、川北军区政委。

6 月至 7 月，主持召开川北区首届人民代表会议，作题为《川北区当前施政方针》的报告。

7 月，率行署组成人员举行宣誓就职典礼。主持召开川北区首届党代会，作题为《提高自己，依靠人民，稳步前进》的报告。

1951 年（36 岁）

3 月，以川北区党委名义发出指导土改的一、二、三号指示。

5 月，主持召开川北区党委扩大会议和公安局长会议，总结镇压反革命工作的经验教训。

7 月，召开川北行署紧急行政会议，安排救灾工作。

1952 年（37 岁）

2 月，审定、签发川北区党委关于“三反”运动中要严格执行政策的指示。

8 月至 9 月，主持召开青年团一届三中全会并当选为团中央书记处书记。

1953 年（38 岁）

1 月，主持召开青年团一届四中全会。

6 月至 7 月，出席青年团一届五中全会。出席中国新民主主义青年团第二次全国代表大会，作题为《团结全国青年在建设祖国伟大行列中奋勇前进》的报告。

7 月，在青年团二届一中全会上当选为团中央书记处书记。率中国青年代表团参加在罗马尼亚布加勒斯特举行的第三届世界青年代表大会。

8月，率中国青年代表团参加在布加勒斯特举行的第四届世界青年与学生和平友谊联欢节。
11月，主持第二届全国少年儿童工作会议并发表讲话。

1954年（39岁）
4月，出席团中央组织工作会议，提出团的工作要“背靠党委，面向青年”。
5月，出席首都各界青年举行的纪念五四青年节大会。
8月，率中国青年代表团出席世界民主青年理事会北京会议。
9月，出席第一届全国人民代表大会第一次会议，当选为全国人大常委会委员。

1955年（40岁）
3月，主持第三次全国少年儿童工作会议并发表讲话。
8月，参观全国少年儿童科技和工艺作品展览。出席欢送北京市青年志愿垦荒队赴黑龙江垦荒大会并为垦荒队授旗。
9月，出席青年团二届三中全会。出席全国青年社会主义建设积极分子大会，作题为《中国青年为实现第一个五年计划而斗争的任务》的报告。
11月，到江西省德安县看望上海青年志愿垦荒队队员。

1956年（41岁）
3月，出席陕西、甘肃、山西、内蒙古、河南5省（区）青年造林大会并发表讲话。
5月至6月，到东北考察工作，并视察黑龙江省萝北青年垦区。
6月，陪同毛泽东、刘少奇、周恩来会见苏联青年代表团和南斯拉夫青年代表团。
9月，出席中国共产党第八次全国代表大会，当选为中央委员。

1957年（42岁）
5月，主持中国新民主主义青年团第三次全国代表大会并作题为《团结全国青年建设社会主义的新中国》的报告；大会决定中国新民主主义青年团改称中国共产主义青年团。在中国共产主义青年团中央委员会第一次全体会议上当选为团中央书记处第一书记。
7月至8月，率中国青年代表团参加在苏联莫斯科举行的第六届世界青年与学生和平友谊联欢节。
8月，参加在苏联基辅举行的第四届世界民主青年联盟代表大会并发言。

1958年（43岁）
1月，主持召开共青团三届二中全会。
3月，在江西省瑞金县参加江西、湖南、福建、广东4省联合召开的100个县共青团工作观摩学习会。
6月至8月，主持召开共青团三届三中全会。
11月至12月，主持召开第二次全国青年社会主义建设积极分子大会，作题为《发扬共产主义精神，努力建设社会主义》的报告。

1959年（44岁）
2月至3月，主持召开共青团三届四中全会。
4月，出席二届全国人大一次会议，当选为全国人大常委会委员。
5月，参加首都各界举行的纪念五四运动40周年集会并发表讲话。
7月，主持召开共青团三届五中全会。
10月，出席庆祝少先队建立10周年大会并发表讲话。

1960年（45岁）
2月，出席团中央召开的学习毛泽东著作座谈会。
2月至3月，主持召开共青团三届六中全会。

1961年（46岁）
1月，主持团中央书记处扩大会议。
3月，到湖南省常德、益阳县调研共青团工作。
4月，在辽宁省海城县调研，向党中央报送《商业工作要活一点》的调查报告。
9月，到农村视察，向党中央汇报《二十五天三千六百里的农村察看》。
12月，在江西省南昌市参加12省市团委书记座谈会并发表讲话。到湖南省常德、益阳县调研共青团工作。

1962年（47岁）
1月至2月，参加七千人大会。
6月至7月，主持召开共青团三届七中全会。
9月至10月，率中国阿尔巴尼亚友好协会代表团访问阿尔巴尼亚。
10月，任中共湖南省委书记处书记兼湘潭地委第一书记。
11月至12月，在湘潭地区进行调研。

1963年（48岁）
1月，召开湘潭地委会议，落实生产计划。
6月，帮助浏阳县委制定《关于“四清”工作的决定》。
8月，写成《湘潭地区四查四帮初步总结》，报送中共湖南省委和中共中央。在浏阳县指导抗旱工作。

1964年（49岁）
6月，主持召开中国共产主义青年团第九次全国代表大会，作题为《为我国青年革命化而斗争》的报告。
7月，主持召开共青团九届一中全会，当选为团中央书记处第一书记。
10月，出席庆祝北京市少先队成立15周年大会。
11月，任中共西北局第三书记、代理陕西省委第一书记。
12月，向西北局并党中央、国务院提交《走马上任报陕情》的报告。
12月至翌年1月，出席三届全国人大一次会议，当选为全国人大常委会委员。

1965年（50岁）
2月，在陕西省安康、城固等县调研。
5月，任中共西北局第二书记、陕西省委第一书记。
6月，回北京就医。
12月，出席首都青年纪念一二九运动30周年大会。

1966年（51岁）
3月，陪同陈毅接见新疆生产建设兵团的上海和其他地区知识青年。
4月，出席共青团九届三中全会并发表讲话。
8月，团中央被改组后遭到批斗和审查。

1967年（52岁）

在团中央继续接受审查。

1968年（53岁）

在团中央继续接受审查。

1969年（54岁）

4月，出席中国共产党第九次全国代表大会。

5月，下放河南省潢川县黄湖团中央“五七”干校劳动。

1970年（55岁）

在团中央“五七”干校劳动。

1971年（56岁）

在团中央“五七”干校劳动。

年底，回北京就医。

1972年（57岁）

在家读书学习。

1973年（58岁）

在家读书学习。

1974年（59岁）

在家读书学习。

1975年（60岁）

5月，参加中央读书班。

7月，任中国科学院党的核心领导小组第一副组长、副院长。

9月，向邓小平汇报中国科学院工作和《科学院工作汇报提纲》。

1976年（61岁）

10月，向叶剑英和华国锋提出3条建议：停止批邓，人心大顺；冤案一理，人心大喜；生产狠狠抓，人心乐开花。

1977年（62岁）

3月，任中共中央党校副校长。

4月至9月，主持中央党校整风会议，揭批“四人帮”。

7月，主持创办的《理论动态》创刊。

8月，出席中国共产党第十一次全国代表大会，当选为中央委员。

10月，代中央起草的《中共中央关于办好各级党校的决定》下发。出席中共中央党校开学典礼。

12月，任中共中央组织部部长。

1978年（63岁）

2月至3月，出席五届全国人大一次会议，当选为全国人大常委会委员。

2月至4月，出席中央组织部分6批召开的疑难案例座谈会。

4月，组织中央党校800多名高中级干部讨论“文化大革命”以来的党史。

5月，审阅定稿的《实践是检验真理的唯一标准》一文在《理论动态》第60期、《光明日报》发表。

6月，主持创办的《组工通讯》创刊。中央国家机关有关部门在山东省烟台市召开会议，决定全部摘掉右派分子帽子。

8月至9月，出席中央组织部召开的选拔优秀中青年干部汇报会并发表讲话。

9月，根据胡耀邦的意见，中央国家机关有关部门在北京召开会议，专题研究右派改正问题。

9月至10月，出席全国信访工作会议，就平反冤假错案工作提出“两个不管”的方针。

10月至11月，出席中央组织部召开的落实知识分子政策座谈会，会议提出对知识分子不再提“团结、教育、改造”的方针。

11月，决定向中央正式报送中央组织部《关于“六十一人案件”的调查报告》。

11月至12月，出席中共中央工作会议。

12月，出席党的十一届三中全会，当选为中央政治局委员、中央纪律检查委员会第三书记。任中共中央秘书长兼中央宣传部部长。出席彭德怀、陶铸追悼大会。

1979年（64岁）

1月，出席中央纪律检查委员会第一次全体会议。主持各省、市、自治区党委宣传部长会议，会议期间向中央写的《关于建议为“中宣部阎王殿”彻底平反的请示报告》获中央批转。参加廖鲁言、徐子荣、胡锡奎、刘锡五和王其梅追悼会。

1月至4月，主持和参加党的理论工作务虚会。

2月，对文化部党组决定为“旧文化部”、“帝王将相部、才子佳人部、外国死人部”大错案及田汉所谓“黑线代表人物”、“四条汉子”问题彻底平反作出批示。

7月，任中央“两案”（林彪、江青反革命集团案）审理领导小组组长。

9月，出席党的十一届四中全会，会议讨论通过叶剑英在庆祝中华人民共和国成立30周年大会上的讲话稿和《中共中央关于加快农业发展若干问题的决定》。

10月，出席全国组织工作座谈会并发表讲话。

10月至11月，出席中国文学艺术工作者第四次代表大会并在闭幕茶会上致辞。

1980年（65岁）

1月，任中央党史委员会成员。

2月，出席党的十一届五中全会，当选为中央政治局常委、中央委员会总书记；会议通过由其主持制定的《关于党内政治生活的若干准则》，通过为刘少奇平反的决议。

3月，主持召开中央书记处第一次西藏工作座谈会。

4月，与邓小平等会见意大利共产党总书记贝林格，首次提出党际交往的基本原则。

5月，出席刘少奇追悼大会。

7月，出席安子文追悼会并致悼词。

8月至9月，出席五届全国人大三次会议。

12月，主持召开广东、福建两省实行特殊政策、灵活措施座谈会。

1981年（66岁）

1月，主持中共中央在人民大会堂举行的新年茶话会。

1月至2月，出席全军政治工作会议并发表讲话。

3 月，主持中央书记处会议，在讲话中强调发展农业要注意多种经营问题。
5 月，出席全国国内侨务工作座谈会。
6 月，同叶剑英、邓小平等主持召开党的十一届六中全会，当选为中央委员会主席。
7 月，出席庆祝中国共产党成立 60 周年大会并发表讲话。主持中央书记处会议，讨论并批准《广东、福建两省和经济特区工作会议纪要》。
8 月，出席思想战线问题座谈会并发表讲话。
9 月，同邓小平等观看人民解放军在华北地区举行的军事演习。
10 月，出席纪念辛亥革命 70 周年大会并发表讲话。会见参加中央农村工作会议的代表并发表讲话，会议形成的文件稿成为 1982 年中央一号文件的主要内容。
12 月，出席中共中央召开的省、市、自治区党委第一书记座谈会并发表讲话。会见出席全国故事片电影创作会议的代表。

1982 年（67 岁）
1 月，会见出席全国统战工作会议的代表并发表讲话。主持中央政治局会议，讨论国务院和中央直属机关机构改革问题。主持中央书记处会议，提出现代化建设要利用两种资源，打开两个市场，学会两套本领。
2 月，主持中央书记处召开的广东、福建两省座谈会并发表讲话。
4 月，就党的思想政治工作问题发表谈话。
8 月，同叶剑英、邓小平等主持党的十一届七中全会，在闭幕式上发表讲话。
9 月，出席中国共产党第十二次全国代表大会，代表第十一届中央委员会作《全面开创社会主义现代化建设的新局面》的报告，当选为中央委员。主持党的十二届一中全会并发表讲话，在会上当选为中央政治局委员、中央政治局常委、中央委员会总书记。
11 月至 12 月，出席五届全国人大五次会议。
12 月，出席中国共产主义青年团第十一次全国代表大会。

1983 年（68 岁）
1 月，出席全国职工思想政治工作会议，作题为《四化建设和改革问题》的报告。
2 月，到广东深圳、珠海、海南岛等地调研考察。
3 月，出席纪念马克思逝世 100 周年大会，作题为《马克思主义伟大真理的光芒照耀我们前进》的报告。
5 月，对罗马尼亚、南斯拉夫进行访问。
5 月底至 6 月初，主持中共中央举行的民主协商会，讨论六届全国人大和全国政协的人事安排问题。
6 月，出席六届全国人大一次会议、全国政协六届一次会议。
7 月，会见参加全国宣传工作会议的代表并发表讲话。会见参加全国组织工作座谈会人员并发表讲话。
7 月至 8 月，到甘肃、青海、陕西省调研考察。
8 月，会见全国发展集体经济和个体经济安置城镇青年就业先进表彰大会代表并发表讲话。
9 月，出席中国妇女第五次全国代表大会。
10 月，同叶剑英、邓小平等主持党的十二届二中全会。任中央整党工作指导委员会主任。出席中央顾问委员会第二次全体会议并发表讲话。会见出席中国工会第十次全国代表大会的代表。出席中共中央召开的党外人士座谈会并发表讲话。
11 月，会见出席中国民主建国会第四次全国代表大会、全国工商联第五届会员代表大会和中国民主促进会第五次全国代表大会的代表。对日本进行友好访问，中日双方决定建立“中日友好二十一世纪委员会”。
12 月，会见出席中国农工民主党第九次全国代表大会、中国致公党第八次全国代表大会、九三学社第四届全国社员代表大会、台湾民主自治同盟第三次全盟代表大会、中国国民党革命委员会第六次全国代表大会、中国民主同盟第五次全国代表大会的全体代表。在《人民日报》发表纪念毛泽东诞辰 90 周年的文章《最好的怀念》。

1984 年（69 岁）

1 月，为纪念中法建交 20 周年，发表讲话。到贵州、湖南省调研考察。

1 月至 2 月， 到广西、广东、江苏、上海、山东等地调研考察。

2 月至 3 月，主持召开中央书记处第二次西藏工作座谈会并发表讲话。

4 月，出席中央书记处和国务院召开的沿海部分城市座谈会。到河南、湖北省调研考察。出席各省、自治区、直辖市侨办主任会议并发表讲话。会见来华访问的美国总统里根。出席纪念任弼时诞辰 80 周年座谈会。

5 月，对朝鲜进行正式友好访问。到广州和深圳、珠海经济特区调研考察，并为经济特区题词：“特事特办，新事新办，立场不变，方法全新。”会见德国社会民主党主席勃兰特。

9 月，会见参加全国企业领导班子建设工作座谈会的代表并发表讲话。出席首都各界青年欢迎 3000 名日本青年大会并发表讲话。

10 月，出席庆祝中华人民共和国成立 35 周年阅兵式和群众游行活动。同邓小平等主持党的十二届三中全会。

10 月至 11 月，到山东、江苏省调研考察。

11 月，主持中央书记处会议，讨论第一期整党工作情况和第二期整党工作部署问题。

12 月，出席全国宣传部长会议并发表讲话。出席中国作家协会第四次会员代表大会开幕式。

1985 年 （70 岁）

1 月，出席科技体制改革座谈会。会见参加长江、珠江三角洲和闽南厦（门）漳（州）泉（州）三角地区座谈会的全体代表。

2 月，邀请 6 位有突出贡献的科技人员到中南海座谈中国科技政策和发展问题。出席全国省长（自治区主席、直辖市市长）会议并作报告。

3 月，出席全国科学技术工作会议并发表讲话。

4 月，对澳大利亚、新西兰、西萨摩亚、斐济和巴布亚新几内亚进行访问。

5 月，出席全国教育工作会议并发表讲话。

6 月，同邓小平等会见参加中央军委扩大会议人员并发表讲话。到山西、陕西省调研考察。

7 月，会见出席香港特别行政区基本法起草委员会第一次全体会议的委员。

7 月至 8 月，到新疆 10 个地、市、州调研考察。

8 月，出席欢送中央和国家机关培训中小学师资讲师团大会，发表题为《当代年轻知识分子的成长道路》的讲话。

9 月，出席首都各界纪念抗日战争和世界反法西斯战争胜利 40 周年集会。同邓小平等主持召开党的十二届四中全会。同邓小平等主持中国共产党全国代表会议，致题为《团结奋斗，再展宏图》的开幕词。同邓小平等主持党的十二届五中全会。

9 月至 10 月，到四川、甘肃省调研考察。

12 月，听取中央直属机关党委、中央国家机关党委、北京市委关于端正党风、纠正和抵制不正之风的情况汇报。

1986 年（71 岁）

1 月，到西沙群岛同部队指战员欢度元旦。出席中央机关干部大会，发表题为《中央机关要做全国的表率》的讲话。

2 月，到贵州、云南、广西等地调研考察。

4 月，出席首都职工纪念五一国际劳动节 100 周年集会。

6 月，对英国、联邦德国、法国和意大利进行访问。

7 月，在《人民日报》发表《关于正确处理党内两种不同的矛盾的问题》一文。参加中央书记处在中南海举办的法律知识讲座学习。

8 月，出席迎送中央和国家机关培训中小学师资讲师团大会，发表题为《再同年轻知识分子谈成长道路问题》的讲话。到青海省调研考察。

9 月，同邓小平等主持召开党的十二届六中全会。

10 月，主持纪念红军长征胜利 50 周年大会。到江苏省调研考察。参加叶剑英追悼会并致悼词。

11 月，会见参加全国哲学社会科学“七五”规划会议的代表并发表讲话。出席纪念孙中山诞辰 120 周年大会。到江苏省、上海市调研考察，强调改革、开放是推动中国历史前进、推动“四化”建设的两个巨轮。

12 月，出席纪念朱德诞辰 100 周年大会并发表讲话。分别会见出席全国统战工作会议、全国对外宣传工作会议以及全国先进党支部和优秀共产党员事迹经验交流会议的代表。会见出席第二次全国法制宣传教育工作会议的代表。

1987 年（72 岁）

1 月，中央政治局扩大会议同意胡耀邦辞去中共中央总书记职务的请求，继续保留他的中央政治局委员、中央政治局常委的职务。这次中央政治局扩大会议的决定后经同年 10 月召开的党的十二届七中全会确认。

10 月至 11 月，出席中国共产党第十三次全国代表大会，当选为中央委员。在党的十三届一中全会上当选为中央政治局委员。

1988 年（73 岁）

3 月至 4 月，出席七届全国人大一次会议。

9 月，出席党的十三届三中全会。

11 月至翌年 3 月，在湖南、广西等地休养。

1989 年（73 岁）

3 月至 4 月，出席七届全国人大二次会议。

4 月 8 日，出席中央政治局会议，突发大面积急性心肌梗塞。

4 月 15 日晨 7 时 53 分，在北京逝世。

4 月 22 日，胡耀邦追悼大会在人民大会堂隆重举行。

后记

为纪念胡耀邦同志诞辰100周年，根据中央统一安排，中共中央党史研究室编辑了《胡耀邦画册》。

在本画册的编辑和图片搜集过程中，胡耀邦同志的亲属及身边工作人员给予了热情帮助和大力支持。

本画册照片主要来自新华通讯社中国照片档案馆。为了全面、生动地展现胡耀邦同志一生的业绩和风采，我们进行了广泛的照片和资料征集工作，走访了胡耀邦同志家乡和他曾经战斗、工作和生活过的许多地方，得到许多单位和个人的大力支持与热情帮助。中央组织部、中央宣传部、中央党校、文化部、中国科学院、黑龙江省委办公厅、山西省委党史办公室、黑龙江省委党史研究室、浙江省委党史研究室、江西省委党史研究室、湖南省委党史研究室、四川省委党史研究室、西藏自治区党委党史研究室、陕西省委党史研究室、陕西省档案馆、甘肃省委党史研究室、甘肃省档案馆、青海省委党史研究室、青海省档案馆、《人民网》资讯部、西华师范大学、吕梁市委党史研究室、黑龙江新闻图片社、南昌市史志办公室、赣州市委党史工作办公室、九江市史志办公室、湘潭市委党史研究室、湘潭市第二档案馆、南充市委党史研究室、巴中市委党史办公室、达州市委党史研究室、广安市委党史研究室、延安市委党史研究室、汉中市委党史研究室、汉中市档案馆、安康市委党史研究室、安康市档案馆、吉安市委党史工作办公室、萍乡市委党史工作办公室、石楼县委党史研究室、永新县史志办公室、莲花县史志办公室、瑞金市委党史工作办公室、新建县史志办公室、共青城市史志办公室、浏阳市委党史办公室、浏阳市胡耀邦故居等部门和单位，以及高勇、沈宝祥、陶斯亮、陈晓田、谭彦、夏蒙等同志，为我们提供了许多珍贵的照片资料。

中央办公厅、中央宣传部、中央统战部、中央台湾工作办公室、中央党校、中央文献研究室、外交部、国务院侨务办公室、国务院港澳事务办公室等单位对本画册的相关内容进行审读，提出了宝贵意见。

在《胡耀邦画册》出版之际，我们谨向以上单位和个人表示衷心感谢！

由于编者水平有限，画册难免存在不当不周之处，欢迎广大读者提出宝贵意见。

编　者

2015年10月